万平 BOKS

2

MANPEI BOKS

目次

本書は北村想の未発表ないし未刊行の戯曲・小説を出版するシリーズ「万平ＢＯＫＳ」（まんぺいボックス）の第二巻である。

戯曲本文中の台詞は〝「〟で始まるが、文末には〝」〟をつけない。

また、直接話法箇所は〝／〟でその前後をくくっている。著者独特の戯曲文体である。

夫婦《めおと》パラダイス　～街の灯《ひ》はそこに～

登場人物

柳吉～是野洲《これやす》柳吉《りゅうきち》……処法無我、多情仏心、一癖ありそうで、何が一癖なのかは不問。頼りになるかとおもえばそうでもなく、とはいえ不要不急と油断していると、江ノ島の鳶がごときでもある。てっとり早くいえば、本文中のような男といえる。

お蝶……本名は蝶子。作者テキトーに（気分で）書き分けている。戸籍簿からいうと、蝶、だけかも。元は三味線芸者だったらしいが、調査中。しかしながら、蝶のように舞い蝶のように生きている、って、どんなのかは本文中のような女性であるとしかいいようがナイ。

信子……お蝶の腹違いの姉。かくして本文中のごとき女性。

静子……登場人物の中では最も若い。あるいは幼い。よってこの娘だけは、故郷の訛りは少し残している程度になる。現在関西の若者に多い。要するに本文中のような娘である。

馬淵牛太郎……土木建築業々務店の社長。しかしてその正体は、本文中にあるが如し。

藤吉……信子の年下の亭主。現在行方不明。しかして、以下は本文中の如し。

で、その本文はタイトルから推測されるように『夫婦善哉』（織田作之助・作）と、映画『洲崎パラダイス 赤信号』（川島雄三・監督）からmotif、samplingを得て書かれるはずなのだが、それが作者の脳裏、中核、心中にあるかというと、さて、それは例によって例の如し、拠って、ともかくも、本文中、に進む。

風路浪愚（prologue）

夏。

富ある新しい街と昔ながらの貧しい町を分けるための運河の高架橋、その中央辺りにあるバス停。

絽や紗という高級な着物ではナイ。着くずした縦縞の一重に細めの帯。

日傘をさして女がひとり。むかしふうにいうなら、柳腰の年増といったところか。

〔作者注：年増とは、娘（おそらく十三〜十六歳あたりまで）の年頃を過ぎた女性をいう。江戸時代は平均寿命が四十だったので数え二十で年増、二十五で中年増、三十で大年増と呼んだ。戦後から昭和の頃までは、三十歳以上の女性を年増と呼ぶことも多かった。ウィキペディア他〕

すでにバスは何台も停車して発車したが、乗車する気配はナイ。

たぶん、ひとを待っているのだろう。

ひっつめたというほどでもなく、束ね上げた髪を留めている鼈甲《べっこう》の櫛だけは上等なもののようだ。

軽いため息、欠伸なのかも知れないが、ひとつして、額の汗をhandkerchiefで抑えた。

日は夕陽に名を変えて傾いた。

ときは今頃。
場所は、大阪東、河内の近辺のそこらあたりだろう。
女はここでは三十歳前後ということにしておく。名を蝶子、お蝶と呼ばれることの多いのは、いまはもう数少なくなったcompanion galを職種としていたからだ。

やっと、汗を拭きふき、息も荒くカンカン帽の男が走って帰って来る。
是野洲柳吉。近江商人発祥の地といわれる滋賀県野洲の出身で、小商いの店をいろいろと手がけている紅屋の屋号を持つその主の善吉の嫡男ではあるが、勘当をくっている放蕩息子。浄瑠璃なんぞを趣味っていたが、どうトチ狂ったかシンガーソングライターに成る決心をして浄瑠璃をパンク・ロックで歌うなどという頓珍漢な触れ込みでライブ・シアターに出演したことをきっかけに、蝶子と知り合ったらしい。

柳吉「お蝶っ、すまなんだな。えらい、待たせたな。いやあ、もうかなわんなぁ田舎は。

蝶子「（柳吉を観もせず）なにしてはったん、えらい遠方のたばこ屋ですねんな。（この後も、あまり機嫌よろしくございません）

柳吉「そうやねん、遠方や遠方。遠き彼方の信太の森や、わしはごうまん　おお、うちゃ　かがみの狐の森、や。

蝶子「そんな歌ばっかり歌うてはるさかいに、客も欠伸のクズの葉っぱになるんやわ。

柳吉「客は葛の葉っぱときたな。いやいや、これくらいで感心してる場合やナイわ。まだこれからや。いまにみてみぃ、是野洲柳吉、浄瑠璃パンク・ロックは炎上するで。（と、一息の呼吸、辺りを観るが）ところでバスは。

蝶子「さあ、何台も停まっては行き、停まっては行き。さっき最終が出たのとちがいますか。

柳吉「最終っ（疑問と不満）、いま何時やおもてんねん。

蝶子「何時ですねん。

柳吉「（腕時計をみようとするが）アカン。腕時計、質に入れたばっかりや。そやけど、まだ宵の口やで。（と、キョロキョロと時計を探すが）

たしかに時計らしきものは、向こう岸に見つかりはしたのだ。

／IR　paradise　SZK／と、おそらく夜の闇には輝くものとなろうLED電灯の門前arch看板があって、その横にアナログ・デザインの古風な時計台らしきものがあるのだが、動いているのかどうか。

柳吉「／IR　paradise　SZK／、えらいたいそうに、最近デケた日本政府公認の賭博場や。こんなとこに建てよったんや。18：00か、まだ六時やないか。なんぼなんでも、そんな早うに最終になるバスがあるかいな。

蝶子「ほんでも、さっきの運転手はん、これが最終でっせて、いうてはりましたけど。

柳吉「そら、何かのマチガイか、運転手が誑《たぶら》かされとったんやろ。賭場みたいなもんの近所で仕事してると終いにはボケるだけや。

蝶子「ボケてるのは、あの時計とちがいますか。あの時計、さっきからずっと18：00のまんまです。

柳吉「あのな、IRいうたら電子カジノやで、そんなとこの時計がボケたり、狂うたりするかいな。戦後のRAAやないで。（RAAは終戦後の公認特殊慰安施設協会で、第二次世界大戦後、連合国軍占領下の日本政府によって作られた慰安所のこと）

蝶子「そうですやろか。

柳吉「人工知能は狂うたりせえへんがな。
蝶子「どんなもんでも狂う世の中ですさかいに。
柳吉「まあ、いうてみたら機械ちゅうのは正確に狂うものやからな。しかし、最終バスやったとしても、よう、わいのこと待っててくれたな。わいは、もう、お蝶に棄てられたんとチガウかなと心配で、心配で。
蝶子「バス代無いし、乗りとうても、乗れますかいな。
柳吉「そない、冷たいこといいないな。
蝶子「ほんで、どうしますねん。
柳吉「どないするて、そら、あれや。
蝶子「なんですねん。
柳吉「そら、これから、かんがえなアカンことや。
蝶子「考えがありますの。
柳吉「そやから、いまからかんがえる、いうてるやないか。
蝶子「(プイッとして) まあ、せいぜい考えなはれ。(と、歩きだす)
柳吉「あれ、何処行くねん。

蝶子は応えない。

柳吉「おい、蝶子。お蝶、まさかおまえ、あのparadiseとかで働き口捜すつもりか。
蝶子「お座敷はもう飽きました。お三味《しゃみ》も質屋のもんになってますし。
柳吉「ほな、何処へ。
蝶子「(足が止まって、周囲を観た) この辺りで、姉が店やっているど聞いていたんですわ。
柳吉「店っ。姉さんがかいな。
蝶子「居酒屋やったかsnackやったかbarやったか。ちっちゃい店やというてましたけど。
柳吉「お前、姉さんおったんか。
蝶子「腹違いですけどな。
柳吉「(喜色) そら、渡りに舟やないか。
蝶子「何が渡りに舟ですねん。
柳吉「いや、(っと、満面を塞き止められて)
蝶子「いうときますけど、なんぼ腹違いでも、姉さんはあての姉さんでっせ。あんさんは六文出して、何処《どこ》どの川でも渡りなはれ。
柳吉「何処どの川て、六文出したら、そら、三途の川の舟賃やないか。無茶いいないな。夫《みょう》婦《と》の約束した仲やないか。

蝶子「(歩きだす)

柳吉「ちょっ、ちょっと待ちぃな。おい、蝶子、蝶子さん。蝶子さまぁ。

蝶子の姿はみえなくなった。

柳吉「おいっ、あのな、呉越同舟ちゅうコトバもあるねんで。乗り掛かった舟ちゅうコトバもあるしやな、たとえ三途の川の舟でも、カロン（ギリシア神話に登場する、三途の川と似たようなsituationの渡し守）の舟でも、旅は道連れ世は、お～い、蝶子っ。

柳吉、追った。例の時計が１８：０１に動いた。

1
たずねてみよ恋しくば

川辺にあるからなのだろうか、そのstand snackの店名は《河童》。

看板に灯が点った。

洋式というふうでもなく、和式でもナイ。折衷の店のデザインは趣味というより改装の予算の具合からだろう。ボックス席はナイ。counterにbar（とまり木椅子）が幾つか。店の奥は住居。二階に上がる木製の階段があるが、かつての「お二階さん」ではなく、おそらくは三畳くらいの屋根裏部屋にチガイナイ。

counterにはちょいと年増ではあるが、童顔の女がひとり。つまりここのママさん。

バタピーと称されているがバターなど食材には含まれていないピーナッツを袋からバラっとカウンターに出すと、適当に並べて、一つ口に運んだ。

入り口が開く。ブルーカラーとは古い呼称だが、そんな族だ。それでも銭はありそうな仕立ての背広で、年齢は中年やら初老やら、どうも人生百年時代とやらはワカランもんですな。そんな客。

ママ「いらっしゃいまし。あら社長さん、今夜もシンガリね。

〔作者注：この場合のシンガリは、本来の意味でのシンガリ（殿）で、魁（さきがけ）の逆。退却する敗走部隊における先陣を現している。何故退却なのかは、アトでワカル〕

客「おいこら、わしは一番客やで。そやのに今夜もシンガリかいな。ま、ええわ。（奥の住居を覗き込むような様子をみせて）信《のぶ》ちゃんのご亭主は未だ帰還せえへんのか。

信子「亭主なんかもう還って来ないわよ。

社長「と、すると、ほな、なにかい、間男のchanceがあるちゅうことか。

信子「バカバカしい。何にします。いつものでイイですか。

社長「（と、イチバン奥に坐った）ああピカクロや。あれがエエわ。水割りで濃い目にしてや。

（黒霧・くろきり、という銘柄の焼酎、金ラベルだからけっこうなものなのだろう。通称ピカクロらしい）

信子「社長さん、今夜もカジノですか。

社長「日本の政府もエエもん造らせてくれたからな。ここは国民としては協力せなアカン。挙国一致、八紘一宇や。一発当てたら、帰りに、そこのブックを入れたるさかい。

もちろん、ブックというのはホンではナイ。たぶん誰も栓を開けたことのナイ、棚に鎮座のブランデー、カミュのブックのことだ。

信子「挙国一致で当てたら仏蘭西ですか。

社長「フランスに行きたしと思えども、フランスはあまりに遠し。どや、教養がすぐ出よるネン。困るわ、ほんま。とはいえや、一発当てたらママとパリ旅行も悪うはナイな。

信子「まっ、連れていって頂戴ねえ。（ピカクロをだした）でも、一発当てるといっても、あそこはベット（bet）の上限が決まっているんでしょ。

社長「ベット（掛け金）どころかＩＲは使える銭の額も決まっとんねんで。アタリマエのこっちゃ、国営ギャンブルやさかいにナ。しかしやな、何処にかて、表も裏もあるのがアタリマエや。ましてやギャンブル、賭博場。裏も仕掛けもぎょうさんアルわ。

信子「えっ、そんなのがアルのやっぱり。

社長「まあ、大きな声ではいえへんさかい、これ以上は内緒や。あれ、このピカクロ薄うないか。

信子「いつもと一緒ですよ。

社長「ほんまかいな。まあ、エエわ。このご時世やさかいにナ。

信子「イヤだぁ、薄めているっていうの。

社長「(笑って)冗談、冗談。

信子「社長さんところなんかは、景気イイんでしょ。

社長「アホかいな。エエわけナイやろ。東京オリンピックがあんなケッタクソ悪うなって、こっちは、テンとアカン。政府がヤルことは、やっぱり信用出ケへんなあ。

信子「さっきは挙国一致だっていっていたクセに。

社長「いまは五族共和のほうや。たとえば営林局、いまでは森林管理局いうてるけど、日本の九八パーセントは森林。建築木材はいままでは全部輸入やったんやけどな。それが、余所の国の森林も伐採が難しくなったらしゅうてな、二酸化炭素がどうのでな。そこでや、残してあったこのヤマトの国の森林に、虎の子に手えつけ出し始めた。最近山崩れが多いやろ。あらな、妙な天気だけのせいやナイで。宅地造成で山の木ぃ伐っているさかいにな。伐採したら山の水は流れて河の水が増える。増えたら溢れる。自然は正直や、自然災害が聞いて呆れるワ。儂んとこのヤッたparadiseの下請け工事にも木材は使うたが、あんなもんは基礎工事のおこぼれ、端材みたいなもんやさかいにな。政府にはいうほどの恩義みたいなもんは、持ってえへんのや。

信子「難しいんですね、経済は。

社長「(また一口飲むが) これ、ほんまにちょっと薄いで。不景気やいうて焼酎まで薄うしてどないスルねん。

信子「(社長のグラスを手にして一口飲んでみる) あら、ほんとだ。(焼酎を注ぎ足す) ちょっと惚けたかな。ワザとじゃナイですよ。


と、光った。雷だ。


社長「一雨きよるみたいやな。

信子「ヤだわ。ただでさへ客足鈍いのに。

社長「paradiseがデケてから、けっこう儲かってるのとチガウんか。

信子「それが、うちなんかは、負けた客がヤケ酒飲みにくるくらいなのよ。

社長「それでようワカッタ。こちとらは最初の客でも負け戦のシンガリかいな。しかし負けた連中が来る前に一番客がシンガリちゅうのはシャレがきついナ。

また、光った。

途端に扉が開く。

予想どおりの展開で、蝶子が立っている。

信子「いらっしゃ、えっ、ええっ、あらあ、ちょっとあんた、

蝶子「はい、蝶子です。ご無沙汰しとります。

信子「やっぱり蝶子ちゃん。でもご無沙汰というよりイキナリじゃナイの。どうしたの突然。

蝶子「はい、いろいろと、

と、雨だ。降ってきた。

信子「あら、雨。濡れるわよ、入んなさいよ。

蝶子「そんなら、お言葉に甘えて。

と、入って来るがもちろん、柳吉も後から付いて入って来る。

信子「お連れがいるのね。
蝶子「勝手についてきたようなもんですけど。
柳吉「おいっ、
社長「(信子に) なんや、知り合いか。
信子「年の離れた妹です。蝶子というんです。
社長「へーえ、信子ママに妹が。しかし、そのお連れは勝手についてきたんやナイな。ナンどワケアリの何処どの若旦那ちゅうところやな。

二人、入っては来たが立っている。

社長「(信子に) ピカ二つ、もらおか。(お蝶に) お嬢さん、まあここに坐んナはれ。奇麗どころは何人いても悪《わる》ナイさかいにな。
柳吉「あのお、おれ、いやボクは、
社長「ボンも座らんかいな。若旦那のぶんも注文したさかいに。一杯くらいグイっと飲《や》ってからでええやろ。その、なんや、ワケアリのワケのほうのハナシは。

柳吉「（平身低頭、または卑屈）それはどうも、すいません。（お蝶に）坐らせてもらうか。

信子「（グラスにピカを二つ出して counter に置いた）どうしたのよ。（お蝶をちょっと睨んだ）ほんとにいきなりなんだから。

お蝶「（グラスには手をつけず、黙っている）

柳吉「（ピカを一口）ああ、これはええ芋ですね。黄金千貫《こがねせんがん》と紅《べに》さつまの blend でんな（たぶん、口から出まかせ）。お蝶、こういうのはなかなか飲めるものやないのんや。

お蝶「（柳吉に）ナニを、呑気なことを。

柳吉「（肩身はせまくしたが、飲んではいる）

社長「（笑って）縮こまってくさる。まっ、勇んで駆け落ちちゅうハナシは聞かんけど。

信子「駆け落ちって、蝶子ちゃん、あんたまさか、ほんとに。

お蝶「それが、このひと、勘当されたんですワ。というワケで、もう、どうにもこうにも。

柳吉「どうにもにもにも、いも。こうにもにもにも、いも。この芋チューもう一杯。

お蝶「アホッ。

社長「ははは、こら、なかなかオモロイ男やないか。

蝶子「褒められるようなひとやありませんよ。

社長「いやいや、こら悪かった。ふーん、なるほどなあ、そうか、そっちは大店《おおだな》とまではいえへんが、小商いを幾つか手広く営業してる社長の倅、(蝶子に) あんたは、水商売というより、芸事を売っていたという感じやな。そんなことは、その男のナリと(蝶子の手を取って) あんたの指の三味線ダコでわかるわいな。それくらいのことが見抜けんようなら、わしのような仕事はデケへん。(てなことをいいながら蝶子の手を摩っている。スケベ)

柳吉「お偉いお方ですか。なるほどその手付き、ヤツガレなんかにはとても真似出来ませんですワ。(もちろん皮肉)

社長「要するに銭も仕事も、無《の》うなって、おまけにヤサグレ(ここでは本来の意味の宿無しのこと) の身という、そういうワケアリやな。

蝶子「(急に猫になって、持たれた手すら、邪険にはせずに) そうなんです社長さん。

社長「まあ、エエがな。ここで逢うたのも何かの縁ということにしとこか。わしはこれから橋を渡って向こうのparadiseに出かけるさかい、詳しいハナシは今度や。(蝶子に) お嬢さん、あんたの仕事くらいみつけてあげますわ。ほれから、そっちの若旦那は、カツギやネコを転がす仕事はキツイやろ。どうや、賄いでもヤってみるか。包丁は持てるんやないかとの見得《けんとく》やが、どないや。

柳吉「えっ、ほんまですか。そらもう、包丁でも薙刀でもいくらでも。ボクの得意は何とこれが煮込み塩昆布なんです。なかなか素人には一朝一夕には出来ませんで、昆布の出汁が

チガイますから。塩昆布というのは、わしはもう行くさかいにナ。このお二人にはあんじょう
社長「(聞いていない)ほなったら、飲ませたってんか。(と、気前よく、財布を置いた)Paradiseで遊ぶ分はこっちに持ってるよってな。(と、胸を叩くと、社長は名も告げずに出ていった)
信子「(挨拶もせず、後ろ姿を観もせずに)土建屋と、運送会社二つ。東京に本社があるらしいけど、いまは新開地での事業を新たに展開だってさ。あそこのparadiseも工事の仕事があったみたいだし。馬淵《まぶち》さんていうのよ。(チョッと笑った)ふふ、それで下の名前が牛太《うした》郎《ろう》。馬に牛よ。うちの常連さん。
柳吉「馬に牛、馬力のある名前ですねえ。とりあえずエエとこに来たナ。棄てる神あらば拾う神とかいうけれど、拾うどころか、海老で、鯛釣ったみたいなもんや。ヤサグレても鯛。
(笑おうとするが、蝶子をみて、ヤメた)
信子「で、どうしたの、馬淵さんのいってたとおりなの、あんたたち。
蝶子「勘当ですか。へえ。このひと、おかしな浄瑠璃パンクとか始めだして、
柳吉「テキトーなことというんじゃアリマセンよ。ええか、もともと浄瑠璃というのはやな、
信子「(ため息まじりに)どうでもイイわよ。ヤサグレてるってことは、今晩泊まるところも無いのね。(二階をみるかとおもうとそうでもなく)上の屋根裏部屋で良ければ、狭いけど空

いているわよ。布団も、せんべいなら二組あったはず。
柳吉「(唸る……つまり、義太夫なんだろう)〽深更ぉぉ、屋根裏ぁぁ散歩するぅぅぅん。江戸川ぁぁ、乱歩の、
信子「いっとくけど三畳一間だからね。散歩するというより、一歩か二歩あるけばお終い。
蝶子「もう、お布団さへ敷けたら、どこでもええんです。
柳吉「そうと決まったら、なんか腹が減ってきよったな。
蝶子「(妙にこっちもその気になって)そうやね、朝もお昼も抜きやったし。
信子「あんたまで、何を調子こいているのよ。
蝶子「すいません。
信子「いいわ。〈かけ〉くらいなら出前してくれるから。
柳吉「えっ、そうですか。いや、ここは大阪や、四国と並ぶうどんの本場でっしゃろ。そやから姐《アネ》さん、うどんの上に信田の森の葛の葉みたいのが乗ってると、さらに本場の趣があるような気がしますが。
信子「きつねうどんのこと、いってるの。
柳吉「お察しの如し、です。あの甘く煮込んだ油揚《あぶらげ》は鎌倉は江ノ島、盗人《ぬすっと》鳶の好物とは醤油の味付けがチガウ。なんといいますか、

信子「(アトは聞かないで携帯を耳にあてている) ああ、河童です。おうどん、きつねで三つお願い。はい、すぐに。よろしくね。

柳吉「この店の名前、河童《カッパ》なんですか。

信子「表の看板観て入って来たんじゃないの。

柳吉「なんや、ガタロやナイのか。ボクを勘当した近江のオヤジは、ガタロから商売始めてお店を持つまでになったというのが、酔っぱらったときの自慢話でしたから。(関西では河童と書いてガタロとも読む。川底あさりの仕事を営む通称河太郎からきている)

信子「そんな品のナイ名前、誰がつけんのよ。

柳吉「しかし姐《アネ》さん、ボク、ガタロの仕事もヤッたことあるんですワ。オヤジに無理やりやらされたというか。こう、胸までのゴム長を、

信子「(聞いていない)、蝶子ちゃん、このオトコ、ほんとにどうするの。

蝶子「上等のパンプスで道端のガム踏んだと諦めますわ。

柳吉「それは誰のことを仰っているんですかね。ボクが上等のパンプスだとでも、

信子「まあ、悪いことの出来るオトコではナイみたいだけどね。

柳吉「善男善女の見本に手本みたいなものです。いやあ、これは照れくさい。

蝶子「(信子の事情を思い出したのか) そういえばあの、姉さん、(少々の間、躊躇ったか) 旦那

さんの藤吉さんはまだ、

信子「そうねえ、煙草を買いに行く、と出て行ってからもうずいぶんになるかな。

柳吉「いわゆるこの辺りの、遠方の、煙草屋に。

蝶子「アホッ。

柳吉「ワカッテるがな。あのぉ、姐《アネ》さんのご亭主の、その藤吉さんは、どんな、（お仕事をと訊くつもりだったようだ）

信子「仕事でしょ。堅気じゃなかったのよ。足は遠《とお》に洗ったんだけど背中にちょっとだけ紋紋を入れていたから、マトモな仕事にはつけないし。

柳吉「紋紋、つまり墨を背中に入れていらした。すると侠客ですか。

信子「そんなたいしたもんじゃナイのよ。弱虫の強がりみたいなものよ。

柳吉「いやいや、あのね、ボクも浄瑠璃パンクをやろうとおもったときに、いっちょ、墨でも入れたろかと決意しましてね、

蝶子「へーえ、あれが墨ですか。黒子《ほくろ》みたいにみえましたけど。

柳吉「いや、最初の一刺し、これでヤメました。あれは針ですからね。チクっと痛いどころの騒ぎじゃナイんです。グサッ、ブスッですね。あれは健康に悪いです。

信子「藤吉は何処かに女がいるのよ、きっと。（ため息まじりに）若い男に惚れたがマチガイ。

（コップを出して自分の分のピカクロを注ぐと、グイっと飲んだ）
柳吉「あっ、ボクにもピカ芋。
蝶子「バカモノッ。（叩く）
柳吉「痛っ、おい、亭主になる男の頭を叩くとは、
蝶子「（paradiseの方向を観て）ＩＲとかいう賭博場の中はもう。
信子「調べた。でも、懐はカラッケツの文無しだったから、あんなところにはネ。
柳吉「あそこは政府公認のカジノロワイヤルですね。
蝶子「柳吉さん、あなたがあそこに一歩でも入ったら、ワカッテますすね。
柳吉「ワカッテるがな。というか、我が経済は破綻しておりますのでロワイヤルなど。

と、出前が来た。
古き懐かしき時代の集団就職で出てきたかのような少女がエプロン姿で岡持を下げている。

信子「あら静子ちゃん、ありがとう。

静子というようだ。

静子「きつねうどん、三つです。いつものようにツケでヨロシか。

信子「そうして頂戴。

柳吉「可愛い狐さんだねえ。お嬢ちゃん、歳は幾つ。

静子「十九ですけど。

柳吉「十九の春か。ホ〜ケキョホケキョの鶯だな。

静子「（あまり明るい性格ではナイらしい。黙って、丼をカウンターに置く）

柳吉「冷めないうちにご相伴《しょうばん》。おっ、これはなかなかの油揚じゃないか。江ノ島の鳶もビックリやな。おおっ、味醂が見事に出汁と合ってる。

静子「そうですか、ありがとうございます。出前の出汁は、わたしが自分でつくっています。適当にですけど。ここは贔屓にしてもろうています。

蝶子「あら、そうなの。美味しいわ。

静子「お丼はいつものように表にお願いします。

信子「はいはい。

静子「（去ろうとするが）

信子「あっ、ちょっと待って。
静子「えっ、
信子「(ポケットからバタピーの小袋を出して)ひもじくなったら、これね。(渡す)
静子「あっ、バタピー。これ、大好きです。
お蝶「そうなの、良かったネ。

静子、去り行くさまに振り向くと丁寧にお辞儀して、嬉しそうだ。

柳吉「(カウンターに零れ残っているバタピーをみつけて、つまみ上げる)バタピーか。
蝶子「(信子に)これ、藤吉さんの好物とか。
信子「好物というほどのものでもナイわよ。飲むときは、これしか口にしなかったけど。玄関にバタピーでも蒔いておこうかな。寄りつくかも。
柳吉「それはちょっとどうやろ。鳩が集まるだけですね。

夜なのに、鳩の群れが羽ばたいたかのような音がして、三人そっちを観た。

溶暗。

2

屋根裏覗き観の小事《しょうじ》

二階の三畳、屋根裏部屋。

柳吉、お蝶、せんべい布団に横になっている。(正しくは、お蝶は横向き、柳吉は上向き)

柳吉「なんや、藤吉さんとは逢うたことも観たこともナイのかいな。

お蝶「信子姉さんから聞いただけ。その前に知り合いが教えてくれたんやけど。

柳吉「信子姐さん、幾つや。

お蝶「四十ちょっと、いうてはったけど。

柳吉「サバ読むというより、サバ缶の勘定やな。あらぁもう五十前やで。えらい年の離れた姉妹やな。

お蝶「ほやから、腹違いやいうてますやんか。向こうの母親のことは知らんのよ。いまでも。

柳吉「(腹這いになって、布団を捲ると畳の隙間を覗いた)

お蝶「なにしてんの。

柳吉「腹違いならぬ、腹這いやがな。この下の六畳で藤吉さんと飯を食うてたんか。隙間からみえるがな。誰もおらん。暗いな。

お蝶「姉さんはお店ですやろ、誰もいてへん。暗いのはアタリマエですがな。

柳吉「(覗きつつ)藤吉はんというのは年下やな。そら未練やろなあ。(さらに斜になったりして覗いている)

お蝶「やめときなはれ、気色の悪い。

柳吉「そやな。んっ、ちょっと待て。

お蝶「えっ。

柳吉「(覗いている)信子姐《ねえ》さんや。店に客はおらんとみえるな。あらら、こら、えらいもん観てしまうかも知れへんで。

お蝶「なんですねん。

柳吉「胡瓜やがな。

お蝶「胡瓜っ。

柳吉「あっ、

お蝶「えっ、なんやのもう。（と、満更、興味がナイわけではナイ）
柳吉「神棚みたいなもんがあるな。
お蝶「そら、お店やってはるんやから。
柳吉「神棚に胡瓜、お供えしはったで。
お蝶「それが、どないやの。
柳吉「珍しいお供えやなあ。神棚に胡瓜か。
お蝶「別に珍しいことおへん。
柳吉「えっ、河内のこっちのほうでは神棚に胡瓜、お供えするんか。
お蝶「そやかて、ここのお店の名前《河童》ですやろ。
柳吉「あっ、そうか。それで胡瓜か。おまえの姉さんは河童を祀ってはるんか。
お蝶「それは、それはナア。（訝しい）
柳吉「なっ、珍しいやろ。
お蝶「もう、どうでもよろしわ。寝まっせ。
柳吉「いやあ、これはなんとのう臭うなあ。この柳吉はんの浄瑠璃パンクにはビビンときよるで。ビビンときよるといえば、あの牛馬《モーパカパカ》の太郎坊《たろぼう》、あのおっさんも表と裏があるな。

〔作者注：太郎坊とは、ほんらいは愛宕太郎坊天狗のことで、京都の愛宕山に祀られている。柳吉は、単に、怪しげな、

という意味合いで用いたようだ〕

お蝶「誰にでも、表と裏はありますさかいに。

柳吉「芋焼酎くらいで庇わんでもエエやないか。ええか、品がありそで、品がナイ。そういうのが怪しいんや。そやそや、浄瑠璃でもそうなんや。

柳吉の勘はあながちハズレではナイ。いや、ここはかなり鋭いといわねばならない。

3 花いくさ、ことの始まり

静子が岡持に丼をかたづけている。
昼前のsnack《河童》のカウンター。
柳吉が椅子に坐りながらカウンターに凭《もた》れて、眠そうにそれをみている。

静子「いつものことやから、いいんです。
柳吉「食うたアトの出前の丼、表に出すくらいなんでもナイのになあ。ずぼらかまして。てなこというて、わいも食うたんやけど。
静子「お留守番ですか。
柳吉「ああ、そないや。なんや就職用の着物を買いにいくいうて、二人して出かけよったナ。
静子「就職。

柳吉「まだ決まったワケでもないのに。気が早いこっちゃ。

静子「あの、
柳吉「お蝶、いや、わいの連れの蝶子の着物や。

静子「そうなんですか。

柳吉「あんた、静子ちゃん、いうたな。

静子「はい。

柳吉「あんた、ここの旦那の藤吉はんのこと、なんど知ってるか。

静子「(いきなりな問いかけで驚いたか、手が滑って丼を落とすが割れはしない) あっ、すいません。

柳吉「ども、ないか。

静子「はい、どうもなかったです。(ほっと息を吐く)

柳吉「藤吉さんのことはどないや。

静子「いえ、信子ねえさんの旦那さんのことは、観たことがあるくらいです。ほんまにそれだけです。ほんまです。(何か妙に怯えているふうにみえる)

柳吉「(もちろん、それには気付いている) ふーん、そうかあ、あんた正直やなあ。ほなな、もうひとつ訊くけど、この辺りに河童を祀った神社みたいなもん、あるか。

静子「河童。

柳吉「そうや。

静子「河童は知りませんけど、河の神さんの神社か、祠かやったら、あります。

柳吉「おっ、あるのんか。

静子「ちっちゃいもんですけど、向こう岸が開発される前からあったらしいです。

柳吉「やっぱりなあ。

静子「それが、どうかしたんですか。

柳吉「ネタ集めや。河童の神さんに行方知れずの色男か。題材としてはオモロイ……、ぜんぜん結びつかへんがな。難儀やな。

静子「ネタ集め、て、なんですのん。

柳吉「浄瑠璃パンクロックや。静子ちゃんにはワカランやろけどな。

静子「浄瑠璃いうたら、文楽のことですか。

柳吉「(ちょっと歓喜して) おお、そや。よう知ってるがな。あれは人形浄瑠璃や。文楽座でやってるさかいに文楽や。

静子「そうですか。他にもあるんですか。

柳吉「唸って、義太夫。三味線が入って女衆《おなごし》が好きなんが清元やな。

静子「よう知ってはりますね。

柳吉「浄瑠璃というのはねキミ、いうてみたら、いまでいう幻想伝記小説ですよ。ファンタジーにイリュージョンや。

静子「難しいですね。

柳吉「アメリカでは去年のアカデミー賞主演女優賞を『エブ・エブ』でミシェル・ヨーが受賞してるんやがなあ。あれはマルチ・バース浄瑠璃や。そっちも知らんか。無理もないか。出版不況たらいうてるけど、本屋に並んだ文庫の中に柴田錬三郎『眠狂四郎』も、五味康《ごみやす》祐《すけ》『柳生武芸帳』もあれへん。ましてや、国枝史郎『神州纐纈城《しんしゅうこうけつじょう》』になったら、もうアカン。ああ、オモロイ小説はいまいずこ。歌舞伎でやってる『国性《こくせん》爺《や》合戦《かっせん》』の三段目やら『芦屋道満大内鏡《あしやどうまんおおうちかがみ》』の四段目／恋しくばたずね来てみよ和泉なる信太の森のうらみ葛の葉／も、知らんやろ。

静子「はい。でも、おっちゃん、ぎょうさん知ってはりますね。インテリなんや。

柳吉「お兄さん、いうてんか。

静子「はい、お兄さん。

柳吉「そやそや、お兄さんや。インテリの兄いやで。兄い兄い、『アニーよ銃をとれ』、これも知らんやろ。

静子「はい、すんません。知らんもんばっかしで。

柳吉「とはいえ男衆《おとこし》はもう知ってるナ。
静子「(語調きつく) そんなん、知りませんっ。
柳吉「まあ、どっちでもええわ。
静子「ほな、また、ご贔屓に。(プイッ、去った)
柳吉「可愛いな。お蝶もあんなころがあったんやろなあ。花の命は短くて、〜〜もとの十九にしておくれ〜、か。

柳吉からは影だけだが、客席からは影の実体が着流しの男だとワカル。頬被りで、顔は判然としない。

柳吉「(玄関を半ば開けて) どなたでしょう。
男「(いうならば、不気味とでもいうような声で) どなたでしょうか、私は。
柳吉「それは何かの冗談ですか。クイズ番組の真似か何か。
男「たぶん、私が誰で何の用かとお訊ねではなかろうかと、
柳吉「大当たり一等賞。そうなんやけど。
男「応えたいのは山々なんですが、実は私、煙草を買いに出たのです。そこまではハッキリ

しているのです。

柳吉「なるほど、煙草屋は遠方やからな。(首を傾げて黙考したが)えっ、するとあんた、

まず、藤吉にマチガイはナイとおもわれるのだが、頬被りがどうも奇妙だ。

男「あのときも、あんた、と、呼び止められていきなり、仕事が無いんじゃないかと、

柳吉「問われましたか。いや、まあ、仕事の無いひとは、近頃は、

男「(コトバを食って)ネコを転がす力仕事は無理かも知れんが、算盤は出来るとみた。腕に紋紋を描いて格好はつけているが、ここのママさんのやっかいもん、しかも年下だね。当たっているだろ。それならうちで算盤、つまりは帳簿の仕事だが、ヤってみるかと。

柳吉「それは似たような方がいたもんですね。実は私もあるお方から賄いに雇われて、

男「(柳吉のコトバはほぼ聞いていないか無視している)算盤は出来ませんが専門学校を出ていますからエクセルなら出来ます。と、応えたところまではなんとか覚えているんですが、そのアトが夢か現《うつつ》かワカラナイのです。

柳吉「夢か現か幻か、なるほど。

男「ほうエクセル、コンピュータの専門学校。それは算盤よりいいじゃないか、と、任され

た。ところがよく調べると帳簿が二冊、別々にありまして、
柳吉「ひょっとしてそれ、二重帳簿。裏帳簿と、
藤吉「これは危ない仕事だぞ、と、臆病が幸いして逃げたはいいが殺されて、
柳吉「殺された。えらく物騒なハナシですね。誰が殺されたんです。
藤吉「たぶん、私だとおもいます。
柳吉「あなたが殺されたなら、それは物騒というより奇妙なハナシやな。
藤吉「殺されたとおもうんですが、そうでもナイような。
柳吉「もしあなたが殺されたのなら、まるで落語の『粗忽長屋』。いまここにいるあなたは
　何方さんですねん。
藤吉「(意に介さず) 河に放りこまれたような。そこに河童が出てきて、
柳吉「お若いのお待ちなせい。それは童謡《わらべうた》ですか、それともお伽話の類、
藤吉「(柳吉のせりふは聞き流し) おまえ、河童になるかといわれて、
柳吉「河童が出てきよって、河童になるや否やと、誘ったワケかいな。
藤吉「河童になったら生き返ることも出来るといわれて、
柳吉「なるほど、それは夢か現かわからんハナシやな。それで、どうされたんです。
藤吉「(頬被りをとった) こういうことに、(なるほど、頭に皿のようなものがある。河童だ)

柳吉「えっ、あっ、そのアタマの皿はっ、

藤吉「きみ知るや、河童の川流れ、こいしくばと、ふらっとたずねきてみる河の辺《ほとり》。私も信子も京都から駆け落ち同然に流れてきたんです。ようよう河内の新開地にも慣れてきたところでしたけど。しかし、信子にあなたのような男があるのなら、

柳吉「えっ、いや、それはちがう。私には蝶子という、あんさんと同じ駆け落ち同然の、

藤吉「そうですか。そうしたらまた電話でもしますので。失礼しました。屁の河童。

男、去った。

柳吉「おい、ちょっと。まさか、ほんまに河童、あの頭の皿、いやイカンイカン、こっちの頭も夢現《ゆめうつつ》になってきたがな。話題転換、シーンを変えてと、閑話休題といくか。(態勢を改め、咳払いの一つもあって) しかし、遅いなあ、女の買いものはこれやからなあ。(酒の並んだ棚を観て) 一杯飲まんとヤってられませんわと。とはいえ、昼前から商売もんに手えつけたら追い出されるナ。しかし、ワカランように飲むぶんには、

と酒棚をゴソゴソと酒瓶を比較検討するが、いつの間にか昨夜の社長さん、馬淵とやら

が片隅に坐っているのに気付く。

馬淵「客やったんかい。(何やら古文書を読んでいる)

柳吉「(驚いた)えっ、いや、これは昨夜《ゆうべ》の社長さん、いつの間に。

馬淵「河童というのんは妖怪になったり、水神《すいじん》になったり、寺や神社に祀られたり、なかなか多様な存在でな、実をいうならば、土建屋が河川工事をするときに行う神事に祀るのは河童じゃ。その場ぁでは水神《みながみ》、はてまた河の、神さんや。このネキ(傍らのこと)の河川にもそういう祠があるはずや。平安時代、京のほうやと安倍晴明の式神(しきがみ・陰陽師が使う神様のことで人の目には見えないため、陰陽師以外は存在を確認できナイ。また、陰陽師が鬼神を召喚する術のことも式神と呼ぶ。陰陽師の中で、安倍晴明は式神を操るのが特に上手いといわれてきた)として使われていたこともあるのんや。河童というのは、エライんやで。

柳吉「そうなんですか。

馬淵「儂もその河童や。修行の末、位も高い河童大明神。

柳吉「えへえっ、

馬淵「冗談や。

柳吉「そうですか。びっくりした。

馬淵「河の向こうにＩＲがあるやろが。

柳吉「ありますね。

馬淵「何をするところかは知っとるな。

柳吉「あれは賭博場でしょ。

馬淵「公営ちゅうか、国営のな。

柳吉「それが何か。

馬淵「うちの会社もあの建設には幾分か関係しとる。

柳吉「(先程の頬被りとのハナシは忘れたことにして素知らぬ顔で) そないですか。

馬淵「ＩＲは現在、日本には三ヵ所あるだけじゃが、向こう三年で数は二桁になる。

柳吉「そんなに。

馬淵「そんなに造ってどうするねんと云いたい、いや訊きたいか。

柳吉「いや、

馬淵「別に国家機密でも何でも無い。いまのＩＲでは勝ち組が約八十パーセント。つまりたいていの客は負けてはおらん。

柳吉「ええっ、そんなことしてたら、国が損をするやないですか。

馬淵「そや。いまはいかにも損をしているようにみえる。そやけども、これはいまだけ。もちろん客にはどんどん勝たせる。さて、さんざん勝たせてから政府は賭博税というものを国会で成立させよる。およそ六十パーセントの税金をとりよる。これにさらに所得税が別途課税される。政府にはどんどん銭が舞い込むという寸法や。いまの簡易な海外投資と似たようなシステムやな。政府お奨めの非課税海外投資にもやがてはドカンと所得税がかかるようになりまっせ。

柳吉「いや、ボクなんかはそういうものには、

馬淵「儂のスジヨミではたぶん四十パーセント程度は課税されるようになる。そ〜やけど、推進、推奨、仲立ちをしている銀行は損はせ〜えへん。手数料には税金がかからんようになってるさかいにな。なんで銀行には税金がかからへんのか。これはかからへんのやのうて、かけられないというほうが正しい。なんでなら、日本国家が経済破綻せんように、国家に銭を貸し付けているのは日本の銀行やさかいにな。その銀行に銭を預けているのが国民。つまりや、国家は国民から銭を借りているということになるわけや。日本国民の総預金二千兆円。海外において日本が投資している国債が三百兆円。こいつの利子もバカにならへん。さらに国民は所得税の他に十パーセントの消費税をとられとる。呑気なもんやナ。

柳吉「ケーザイ学の講義ですか。

馬淵「そやナイ。河童の皮算用とはいわへんが、河童の皿算用やな。けっきょく博打は儲か

らんということを教えたってるだけや。

柳吉「なんでまた、ボクに。

馬淵「河童大明神の御告げやとおもうておればエエわいな。

柳吉「社長が河童というのは冗談ですよね。

馬淵「冗談から駒ともいう。いやあれは瓢箪か。ところで、あの蝶子とかいうお姐さん、故郷《くに》は何処や。

柳吉「だいぶに田舎だべ、と、云っていましたけど。

馬淵「ほんなら、山出しが努力してあんなふうに磨いたんやな。

柳吉「そうですね。

馬淵「古里の在るものはエエな。やつがれどもは水の中やさかいにナ。

柳吉「またまた、

馬淵「蒲公英（たんぽぽ、和製のもの。現在は西洋タンポポ〈dandelion〉に殆ど駆逐されている）が並木道のように咲く田圃の畦道。水車のある河、そういうところにも我が仲間はおったもんや。もうそれは、ヒトの世界ではnostalgieの中にしか存在せえへん。さる大手の新聞の調査では子供がいないと答えた者の三割程が「子供を望まないし、過去にも望んだことがない」と回答しよったらしい。さて、その理由。目立ったのが「この国、日本で子供を育てることに希望を見いだせない」や。ほなら、希望とは何やろ。みつけられんもの、無うなってしもうたものは何やろね。儂は故郷、古里やとおもうんやが。さて故郷を失のうたんか、いや、そやナイ。故郷が、そこに住んでいた人間を失のうてしもうたんやナァ。故郷とは何か。偉い解剖学者センセイの弁を借りれば、故郷というのは〈空き地〉のことや。この国は〈空き地〉は無駄な土地や、いうて、これを更地にしてそこにマンションや看板建築のようなモダンな家屋を建てる。郷《くに》に帰っても古里なんぞ何処にもアラヘン。自分が生まれ、遊び、走り回った空き地、見上げた空すらもう無いのや。あるのは見知らぬ建物と道路ばかり。自分は故郷に忘れ去られたと、帰郷した者が一様に味わうのは自分を消し去ってしもうた故郷の姿や。どやっ、

柳吉「あの、

馬淵「ヒトは、河童みたいなもんは妖怪変化、魑魅魍魎としてしか認めへんくせに、何百万もする壺を買わせる妖しい神様のほうは簡単に信用する。わしらからみたら、人間こそ、百鬼夜行（やぎょう、やこう、どちらも可）やな。いやいや、これは賭博と妙な神様には気ィつけなアカンという河童大明神の気持ちや。

柳吉「はい。

馬淵「このお店《たな》はいろいろ見せかけの舶来の酒瓶だけは並べとるな。けっきょくは焼酎しか

売れへんのやけど。若旦那、そこの舶来の瓢箪から一杯戴いたらどうや。

柳吉「はあ。（肯定でも疑問でも呆れでもある）そやけど、

柳吉は洋酒の棚に目を移して眺める。と、馬淵はそのすきにテーブルに古文書を残したまま、ふっといなくなった。と、柳吉の記憶もあやふやになった。

柳吉「なんや頭がクラクラするな。えーと、そうや、酒や、酒、酒。何か残りもんの酒でも。（と、酒ではナイ折り畳んだ紙切れが出てきた）なんやこれは。（開けてみて）地図みたいやな。なるほどそうか。裏のあの河はやっぱり運河か。それが、こうきて、もともとの河とつながってと、するとこの印は、そうかこれがたぶん河童の祠の印やな。しかし、なんでこんなものが、こんなところに隠してあるんや。姐《アネ》さんも変わってるなあ。

と、信子が立っている。

信子「変わった女で悪かったわね。

柳吉「（大いに驚く）えええっ、どっから。

信子「うちにだって裏口はあるのよ。

柳吉「そないでんな。そらもう、出口、入り口裏表と。あれっ、お蝶は。

信子「それが牛にバッタリ出くわしてね、馬に乗って走り去りよ。

柳吉「牛にバッタリ馬に乗り、えらいややこしい鞍馬天狗やな。

信子「馬淵さんよ。昨夜の社長。

柳吉「えっ、社長さんならここでケーザイ学を、あれ、やっぱりおらへんな。

信子「何いってんの。道でバッタリよ。着物だったら任せとけ、知り合いに呉服屋がいるから乗っていけと、蝶子をバイクの後ろに乗せて、
柳吉「はあ、そないだっか。いやもうそれだけ聞いたら、按配はわかり、ま、せんけど、（と、地図を背中に隠すが）

信子「ちょっと、何を隠してんのよ。あんた、隠れてうちの店のお酒を、
柳吉「いや、チガイますがな、店のお酒に手えつけ、いやそんな、ああ、これや。（地図を出して）なんやこんなもん出てきよりましたんや、こら大事なもんでっしゃろな。

信子「（特に驚いた様子でもナイ）それはただの古い地図よ。ここら辺りのちょっと前の。

柳吉「橋が架かる前の時分《じぶん》の、そんなとこでっか。

信子「（と、まるで古い恋でも憶いだしているように）そうなの、お河童さまがいらしてねえ。

柳吉「はい、えっ、お河童さまでっか。

信子「ほんとは〈かわらわさん〉とかいうらしいの。なんだかそこの運河の上流の河川に、そういう名前で平安、鎌倉の時代から住み着いてる河の神さまらしいのよ。

柳吉「はあぁっ、そうでっか。ガタロやナイんですな。

信子「ガタロなんかと一緒にしたら、罰がアタルわよ。

柳吉「いや、そらそうですわ。平安時代にガタロなんかおりまへん。

信子「その〈かわらわさん〉、元は都の陰陽師だったたんだけど、兵庫の芦屋に住んでる大内道満とかいうのが、えらい強い術使いで、そいつの術で河童に姿を変えられて河内の東まで風で飛ばされ、楠木正成を祀った神社に飛び込んだらしいけど。

柳吉「(独り言) 時代もコンテンツも無茶苦茶やがな。(と、信子に) へーえ、なるほど。似たようなハナシなら聞いたことがありますワ。

常人ならば、キジルシ扱いするだろうが、そこはそれ、浄瑠璃が趣味ときている柳吉、ハナシのほうに興味をそそられ、合わせている。

信子「〈かわらわさん〉、で、本名が、えーと、

柳吉「安倍保名とちがいますか。

信子「そうそう、そんな名前。えっ、どうして知っているの。

柳吉「(ちょっと恍けて)そういうのは、平安時代の陰陽師にはようある名前ですねん。

信子「あら、そうなの。で、〈かわらわさん〉の保名さんがいうことには、その、ちょっと大きな声ではいえないから、耳貸して。

柳吉「へい。

信子「(耳に)〜という本に術の解き方が書いてあるんだけど、術さへ解いてくれたら、おまえの亭主だった藤吉も、基の姿に戻してやると、そういうのよ。

柳吉「姐《あね》さん、それはキンタマウサギやのうて、『金烏玉兎集《きんうぎょくとしゅう》』でんがな。そっちは安倍清明が書いた本ですわ。

信子「あら、そうなの。ひそひそいうことでもナイのね。柳吉さん、よく知ってんのね。

柳吉「いや、そらもう、わては浄瑠璃パンクでっさかいに。

信子「見直したワ。

柳吉「で、その本に術の解き方が、

信子「そうなの。

柳吉「そうなると、トレジャーでんな。宝探しや。『金烏玉兎集』をみつけなアカン。

信子「その本なら（と、棚に手を伸ばして綴じ本をひょいと取り出すと、カウンターに投げ置いた）ここにあるわよ。（さきほど馬淵が呼んでいた本だ）

柳吉「えらい簡単に出てきよりまんな。そんなら、アトは術の解き方を調べたらオワリでんがな。（手に取ると）あれ、これはさっきの。あの、これがでっか。

信子「（特に気にしていない）これがも、それがも、さっぱりなのよ。

柳吉「その［かわらや］さんとやらにみせてもアキマヘンか。

信子「なんだか、術で、お河童さまの〈かわらわさん〉には読めないようになってんだって。

柳吉「まあ、たいていは、そういう仕掛けになってまんな。

信子「柳吉さん、あなた、読めないかしら。

柳吉「写本やとおもいまっけど、安倍晴明が書いた本でっせ。平安時代の本みたいなもん（とかなんとかいいつつも、ペラペラ繰ってはいる）、だいたい何処にその呪文が書いてあることやら。（手が止まる）ほおっ、なかなかオモロイことも書いてまんな。

信子「（ビールを出してきて、コップ二つに注いだ）

柳吉「こらまたえらいサービス良うなった。頂きます。（ゴクリ）あ〜美味っ。しかし、何で河童が、

信子「ここにこのお店造ったとき、川縁《かわべり》でひょんなことで、おかしな祠をみつけたのよ。

柳吉「まあ、水神《すいじん》さんの祠なら、そこいらにありますわな。で、水神さんなら昔から河童と相場が決まっていますし。

信子「丁度、お漬け物にしようと胡瓜を買ったばかりで、信心なんかなかったけど、気まぐれに一本お供えしたら、その晩、

柳吉「出よりましたか。

信子「そうなの。枕元にボオッと立って、で、このホン、置いていかれて。私も半信半疑、溺れるものは藁。民家をこの店に改修したときに神棚をつくったと、いうワケ。

柳吉「まあ、そういうもんですわ。偶然の重なり、ちゅうんですか、illusion の世界は都合ようデケてますさかいに。

信子「そうしたら、〈その都合よう〉で、なんとかならないの。

柳吉「そこまで都合ようデケてたら狂言になりまへんワ。だいたい、この『金烏玉兎集』は、いまの暦みたいなもんで、河童がヒトに変わる術みたいなもん書いてまへんで。

と、稲妻。遠雷。

信子「あら、また雨かしら。朝、洗濯したのよ。出掛けに干したばかりなのに。（と、慌てて

去った。キンタマウサギにはさほど入れ込んではいないようだ）

柳吉「（ホンを繰りながら）お蝶も、妙なところへ連れてきよったナ。

と、置き電に電話。

柳吉「姐《ねえ》さん、電話でっせ。あのう、電話鳴ってまっせ。

信子は返事もしない。

柳吉「取りまっせ。知りまへんでもう。（受話器を挙げた）はい、もしもしガタロ、いや、カッパですが。どなたはんでっか。ああ、さっきの頬被りの。律儀なひとやな。えっ、と、藤吉っ、あの、藤吉というと、ひょっとして藤吉はんでっか。やっぱり、そないでしたか。信子ママ呼んだほうがよろしおまっか。えっ、ちょっと電話遠いんですわ。今晩、今夜、なんですねん、へっ、えらいまた急なハナシ、もしもし、（受話器を外した）なんや、切れよったがな。

信子「（洗濯ものを抱えながら）どうしたの、電話みたいだったけど。

柳吉「みたいやのうて、電話でしたんやけど。

信子「誰から、

柳吉「藤吉はんですわ。

信子「っっえ、藤吉さんて。

柳吉「電話の向こうではそないなふうに、いうてはりましたけど。

信子「それで、

柳吉「今晩還るとか、聞こえましたけど。

信子「コンバンッ（抱えていた洗濯ものが手から落ちる）

溶暗。

4

小袖ふるふる、物狂い

時間が、というよりも時空がややねじ曲がって遡ったかのようなstand snack《河童》のカウンター。

その、向こう側からなにやら、いや、なにやら如きではなく、明らかに血塗れの刃物だ。そいつが鬼の角のようにニョキッと出てくると、当然ながら、それを握っている手が出てくる。

やがて片腕がみえ、這い上がるように髪の毛、もう一方の腕。

そうして静子の顔が、呆然とした瞳とともに出てくる。

半身出たばかりのところで、息の荒いこともワカル。

つまり、今しも誰かを刺したとしかかんがえられぬ状況と情況が入り交じったさま。

刺された者は、カウンターの向こうに倒れているにチガイナイ。

静子は、這い上がって滑り降りるかのようにカウンターのこちらに出てくると、刃物（出刃ではナイようだが、どうも他の包丁でもなさそうだ）を手から離そうとするが、離れてくれない。

とにかく、その場から逃げようとするが、玄関扉の辺りに行く手を拒むような大柄の男が立っている。恰幅はいいのだが、品が無い。まるで馬か牛のような男だ。

男「その差料は離れはせぬぞ、娘。

静子「あ、あんた、誰。

男「馬淵猛太悪右衛門。

静子「そんなぎょうさん、漢字いわれても、うちにはワカラヘン。

男「今のは、まだ略したのだ。ほんとうはもっと長い。馬淵猛太悪右衛門之介牛太郎。

静子「み、観てたんか。

男「いま、ここで観たことなら語って聞かせてやろう。事と次第によっては情状酌量の余地はある。無理やりの強姦、手込めにされそうになったゆえの抵抗、知らぬうちに刺していた。これで検察が納得するのならの場合だがな。しかし、わしの検立《みたて》は全く逆だな。別れ話のもつれから逆上して男を刺殺。そうみえたがな。

静子「情状酌量のほうにしてっ。

男「何れにしても、其方《そなた》は我が陰陽《おんみょう》の呪《しゅ》のままよ。まずは、その脇差し、返してもらおう。

静子の手の包丁にみえた刃物が、静子の手から、馬淵猛太悪右衛門之介牛太郎の手へ飛ぶ。投げられたのではナイ。吸い寄せられた如くに。(出来るものならでイイ)

男「これは此方《こなた》のものじゃでの。(腰の鞘に差し入れた)

静子「うちは、うちは、何をしたんや。なんや、なんにもおぼえてへん。

男「そのうち其方の記憶はすべて消えるわい。まずは、カウンターの向こうに横たわりし、骸《むくろ》を沈めるとしよう。

静子「沈めるって何処へ。

男「表の河、御菩薩河《みぞろがわ》へドボン。

静子「ドボンしてから警察に行くのんか。

男「そういう野暮はナシ。

静子「ほんでも、ドボンしたら、死体は下流の運河の関に引っ掛かってみつかってしまう。
男「そうはならぬのじゃ。
静子「どう、なるの。
男「御菩薩河へドボンとすれば、藤吉の屍《かばね》は、河川を遡って上流に向かう。
静子「えっ、藤吉さんっ、死んだのは藤吉さん。なんでや。うちか、うちが、
男「河童になるためにのう。これぞ河童変化川流れの呪術。
静子「河童っ。
男「陰陽師にキンタマウサギの秘術ありせば、たやすきこと。
静子「な、なんやワカランけど、うちは、情状酌量がええ。

ふいに雷、青白く。
暗転すると、
Snack《河童》の店の奥にある和室。硝子戸《ガラスど》があって、開けると河がみえる。
これも時空の歪みなのか、誰かの記憶なのか、過去の一場面なのか、判然としない。
外から大勢の野次馬風情の声が聞こえる。
「河流れやっ」「水死体やっ」「流れとるぞ」「河童の川流れや」「土左衛門や」

などと、適当、不穏当なことを喚《わめ》いている。

裸電球の下で、繕《つくろ》い仕事をしていた信子、ふっと立って、硝子戸を少し開けると暫し様子を観たが、興味無さそうに閉じた。

藤吉なのだろう。着流しの男が銭湯の道具を片手に入って来た。これは風呂屋から戻ってきたところだとおもわれる。

番傘（といっても宿屋の傘ではないので番号が記していないゆえ、唐傘というのが正しいのだが）片手に、外は雨らしい。

信子「お帰りやす。長かったな。傘は表のほうにお願いします。ええお湯でしたか。

藤吉「上等や。

信子「良かったでんな、今度の銭湯は。（と、信子、関西訛りなのだが）

ここでは時の流れの混沌のせいか、あるいは誰かの記憶の中を辿っているからなのか、信子も藤吉も河内弁らしき方言で会話している。

藤吉「ああ、オレの隣でペテン（頭）洗うとったのも墨を入れてる途中やったな。大《おお》けな女郎蜘蛛や。背中に蜘蛛の巣がはっとった。お国柄というやつやな。誰ど腕のええ彫り師でもおるんやろ。あちこち紋々だらけの銭湯や。どないにせよ、追い返されることは無《の》うなったわ。

信子「大阪とはいえ、東の果ての河内でっさかいにな。

藤吉「表の騒ぎはなんやっ。

信子「さあ、なんやろ。わてが聞きたいくらいですわ。

藤吉「誰ど、河に落ちよったのか、それとも身投げか心中か、

信子「人殺しかも知れまへんな。

藤吉「物騒《ぶっそ》なこと、いいなや。

信子「ここの河に沈んだら、浮かんでこれへんて、聞きましたワ。

藤吉「そうか。なんどの恨みか呪い、怨念の刃傷《にんじょう》沙汰でもあったんか。

信子「ありますねん。

藤吉「ええっ、ほんまか。

信子「むかし、ええ歳した男衆《おとこし》が、若い娘に懸想して、口説いて抱いたわええけど、女のカラダは裏表で三月《みつき》持ったら上物やいいますさかいに、けっきょく女子《おなご》はん、棄てられて、

お決まりの刃傷沙汰。滅多やたらに切り刻まれて河にドボン。その黒髪が、

藤吉「おい、そないな、えげつないハナシ、もうええで。

信子「まあ、こういうハナシは、なんぼでも尾ひれ羽ヒレが付きまっさかいになあ。そいでも、この河は細かい藻が多いらしいでっせ。黒い藻で、女の髪の毛みたいにみえるて、聞きましたワ。

藤吉「(話題を変えたいのか、雰囲気を変えたいのか)煙草買うの忘れたわ。

信子「寄り道に時間がかかったんとちがいますか。

藤吉「(うっ)なんや、寄り道て。

信子「手桶から畳に一本、黒い藻が伸びてます。

藤吉「黒い藻、なんやて。(風呂桶を観るが)

信子「こないだは手拭いにまとわりついてきてましたし。

藤吉「黒い藻がかっ。

信子「放しとうナイ帰しとうナイは男衆を引く女の後ろ髪とチガイますか。

藤吉「信子、さいでんから(さっきから)何のハナシをしとるねん。

と、信子、すっくと立ったが、片手にこれは出刃包丁だ。

信子「よう切れまっせ、この出刃は。女の撓垂《しなだ》れも、男女の柵《しがらみ》も。
藤吉「信子、おまえ、気は確かか。
信子「さんごくそうでんいんようかんかつほきないでんきんうぎょくとしゅうっ、あんたのカラダに巻きついてんのは、黒い藻でも髪の毛でものうて、うどんですな。
藤吉「うどんっ。なんのことや、そら。
信子「(語調強くなって) 切るより刺したほうがよろしいんかっ。
藤吉「ちょっと待て、いうてることがワカランのや。

とはいいつつ、やっと動いた足で、次第に硝子戸に追い詰められていく藤吉。
硝子戸をガラランッと開けて、逃げようとするが、その背中に信子、カラダのまま体あたって出刃がグサリッ。
もんどりうって、藤吉は硝子戸の外へ。ドボンと水音。

信子「(振り向いて) 観てたんやろ、小袖っ。出といでっ。

部屋の入り口の隅、闇だまりから、静子の姿があらわになる。

信子「小袖、おまえのうどんはいま断ち切ったで。あんな粉もんで、ようも内の人を縛ってくれたな。銭湯の湯船の中で茹であげたうどんの束が絡みついて、釜の縁《へり》で焦げついて、黒い藻にでもなったんかいなとおもいきや、なんのことはナイ、小袖やい、ぬしの胸の白い谷間で茹であげたけつねうろんが、へばりついてただけやないか。

静子「信子姐《ねえ》さん、チガイマスねん。うちはなんにも。

信子「人殺しには下手人が必要やから、見逃すようにとの馬淵猛太悪右衛門之介牛太郎、芦屋の道満さまのおいいつけ、ことが成就したあかつきには、河童の祠を建立し、これに礼拝欠かさずば、藤吉はんは戻ってくるとのありがたい、お呪（シュ・ここでは陰陽道でいう、ことばのこと）。

静子「藤吉さんなら、いま、信子姐さんが出刃で刺さはったやないですか。

信子「なんや、やっぱり観てたんやないか。そやけんど、あれはな小袖、おまえに懸想した御菩薩河の河童の化身、河童が化けた藤吉さんの姿や。

静子「なんや、頭がクルクルしてますねん。なんや、ワカリマセンねん。

信子「登場人物が多いさかいになあ。頭がクルクルするのが浄瑠璃の条理。浄瑠璃というは条理が狂うて条狂《じょうくる》りというたんが始まりやねんで。
静子「それ、ほんまのハナシでっか。
信子「阿呆かいな、口から出まかせやがな。浄瑠璃姫が笑てるワ。
静子「信子姐さん、うち、どないしたら、エエんです。
信子「（硝子戸をさらにガラララッと開けて）みてみい小袖、河童が化けた藤吉はんが流されていきよるワ。

と、人々の声
「河流れやっ」「水死体やっ」「流れとるぞ」「河童の川流れや」「土左衛門や」

信子「藤吉はんを、というても河童のほうのやけどな、それを刺したのは、あんたやで。
静子「な、なんで、そんなことになるんですか。なんでうちが、

と、信子は静子に出刃を片手に斬りかかった。逃げる静子の浴衣の袖が切り取られる。

信子「（切り取った袖を手にして）ほうら、この小袖がそれ、証拠の品や。

静子「襲ってきはったのは藤吉はんのほうからや。うちは手込めにされそうになって、ワカランうちになんや刃物で、そやねん、うちは。情状酌量なんやっ。

信子「白状しやったな。きんうぎょくと。さんごくそうでんいんようかんかつほきないでんきんうぎょくとしゅうっ

静子「情状酌量やっ。

と、踵を返すが、立ち開《はだ》かるのが、例の長い名前。

馬牛「(おそらく呪文だろう)さんごくそうでんいんようかんかつほきないでんきんうぎょくとしゅうっ、がんちゅうこしん、はちぐうはつき、ごようごしん、おんみょうにしょうげんしん、がいきをゆずりはらいし、しちゅうしんをちんごし、ごしんかいえい、あっきをはらい、きどうれいこうしぐうにしょうてつし、がんちゅうこしん、あんちんをえんことを、つとみてごようれいしんにねがいたてまつる、さんごくそうでんイカのきんぎょくっっっ。ケケケケッカァッ。(半ば適当な作者の創作ゆえ、適当にとなえていればよろし)

奇妙な呪の喝を浴びて、静子はその場に倒れてしまう。

5

塩昆布と水銀大軟膏

オートバイの止まる音がして、また、出ていく。明るくなると、snack《河童》の奥の和室。

信子は鏡を前に化粧の最中。

傍らに寝転がっている柳吉。

というところにお蝶が紙袋に入った大荷物抱えて帰って来る。

お蝶「ただいまっ、あら、姉さんお粧《めか》し、どないしはったん。

柳吉「藤吉はん、還ってきはるらしいわ。

お蝶「ええっ、

柳吉「わざわざ、電話やで。

お蝶「ほんまかいな。

柳吉「嘘みたいなハナシやけどなぁ。お蝶、なんやその荷物は。

お蝶「反物と帯の見本。

柳吉「ああ、あの、馬たら牛たらいう社長さんか。

お蝶「仕立ても頼んでくれはるんやて。（反物を出して）なあ、あんた、どれがよろしやろ。あては、この赤いのがエエような気がしますねんけど、こっちの紫も棄てがたい。けっきょく決まらへんさかいに、幾つか持って帰ってきたんやけど。

柳吉「そういうもんは、普通は端切れで貰ろうてくるもんやで。お蝶なら、どんなん着ても、よう似合うよって、好きなんにしたらエエがな。

お蝶「アパートはすぐに決まったんです。

柳吉「アパートっ、なんやそれ。

お蝶「へえ、2DKでちょうど場所もエエし。

柳吉「住むとこまで、みつけてくれはったんか。

お蝶「そやけど柳吉さん、あんさんは、ここの二階でっせ。

柳吉「それなら、おまえ、妾とおんなじやないか。

お蝶「まあ、かけもちで。

柳吉「かけもちて、そんな、うどん屋の岡持みたいな。
信子「(笑う)はははは、ほんと、ぼんぼんの考えることは甘いワ。
柳吉「信子姐《ねえ》さん、あんさんご機嫌やけど、藤吉はん、ほんまに還ってくるとおもてんのかいナ。
信子「根は律儀なひとですから。
柳吉「なんや、虚しいのかアホらしいのか、果てまた情けないのかワカランようになってきよったワ。
お蝶「ちょっと早かったけど、お昼すましてきましたんえ。すんまへん。
柳吉「そないでっか。信子姐《ねえ》さん、昆布おまへんか。snackでっしゃろ、昆布くらいありまっしゃろ。
信子「昆布ならあるけど、どうするの。また、表にでも蒔くの。
柳吉「アホな。雇われ仕事が賄いで、表には蒔かない。駄洒落いうてる場合かいな。ちょっと塩昆布でも造りますわ。贅沢はいいまへん。明日になったら食えますよって。それで一膳、飯をば頂ければ。
信子「まあ、ご飯くらいなら。台所、そっちだけど。
柳吉「ほんならちょっと。

柳吉、さすがに面白くないという風情でそっちへ去った。

信子「(ため息して)

お蝶「どないしはったん。藤吉はん、いつ還ってきはるの。

信子「電話では、今晩。

お蝶「今晩っ、(微笑んで)それを今からお化粧ですのん。まあ、気が早い。

信子「丁寧な化粧なんか暫くしてなかったから、髪の毛もパッパラパー。いっそ美容院まで行ってこようかな。まだ時間もあるから。

お蝶「ほんま、時間たっぷりあることやし。(微笑している)

信子「(立ち上がった)よし、いざ美容院っ。

フッと消えて、

ポッとピンスポライトの中。柳吉が台所らしいところで昆布をハサミで切っている。

柳吉「羅臼《らうす》昆布やな。折昆布ちゅうヤツや。こいつの出汁の特徴は濃厚で香り高く、ややスパイシーな味わいいうところやな。そこへうすくちの醤油と。（両手で掬《すく》って）こんだけあったらええやろ。これを煮出しますねんで。とにかく弱火でじっくりと煮ることが、昆布をやわらこう仕上げるコツでんな。生の実山椒《ミザンショウ》を一緒に入れて、煮詰まってきたら木ベラで焦げんように混ぜて、火から下ろして冷やすと、完成や。漬けたり、弱火でじっくり煮出したり、冷蔵したり、混ぜてアメ状（やや、黙するが）我が人生は塩昆布の如し、いや塩昆布の程度やな。My life as a shioconbu. そんなもんでええわいな。バカになりまへんで塩昆布は、ハア摩訶不思議ィィ邪気をば飛ばしよるううう〜（と、一声唸ってから、ふっと息を吐くと）なんやワカランけど邪気が多いでこの店《たな》は。

で、奥の和室にsceneがもどると、お蝶のもとに静子が現れたという、展開となっている。

お蝶は反物を袖に見立てて、愉しき悩み。蠱惑的な微笑みは隠せない。

だが、静子のほうはというと、暗く沈んだ表情のまま、黙ってしゃがみ込む。その暗澹さの放つ波動に逆に気付いたか、お蝶。

お蝶「あらぁっ、なんや、びっくりするやないか。どないしたんや静子ちゃん。お店《みせ》は。

静子「お店、きょうは開店が夕方です。カジノとかがデケてから、昼間は定休が増えて、夕方からのが増えたんです。

お蝶「（とくにどうでもいいので）はー、そうかぁ。（とはいったが、）あっ、しもたっ。ゴメン。ゆんべのおうどんのお丼。（反省）

静子「あれはもう片づけました。

お蝶「うっかりしてたわ。ゴメンね。あっ、いま、細かいの無いんや。（もちろん、大きいのも無い）

静子「ツケの払いは月末です。（深く陰気なため息）

お蝶「そしたら、どないしたんや。なんど悩みごとでもあるのんか。

静子「藤吉さんのことで。

お蝶「ああ、なんや急に還って来はるみたいやけど、よう、知ってるナ。

静子「藤吉さんは生きてはりませんねん。

お蝶「はぁっ、ナニいうてんのん。そんなん、還って来はるいうのは生きてはる証拠やろ。

静子「（いきなり情が吹き出す）私っ、藤吉さん殺したんです。

お蝶「えっ、

静子「刺したんです。そやから、還って来はるのは河童ですねん。

お蝶「河童っ、あの、静子ちゃん、あんた悪い夢でもみたのとちがうか。

静子「夢やったらエエんやけど、情状酌量やったらええんやけど。（泣きそうになる）

お蝶「ちょっともう、泣く前に、落ち着いてゆっくり話してんか。

静子「蝶子姉さんは、あの、旦さんの何処が好きで一緒にならはったんです。

お蝶「ああ、アレか。亭主やナイねんけど。

静子「ほな、アレはなんですねん。

お蝶「あのなあ、静子ちゃんにまでアレをアレいわれるスジはないわ。アレは柳吉はんや。

静子「柳吉はんですか。へーえ（何に感心してるのやら）。あの男衆《おとこし》は頭のエエひとですね。

（なるほど）

お蝶「（笑う）頭、エエんか、アレ。

静子「そうおもいます。なんや頼りなさそうにみえて、ほんまになんどアッたら扶けてくれるひとというのは、ああいうひとやとおもうてますねん。

お蝶「柳吉はんが褒められるの、初めて聞いたわ。

静子「そうですか。

お蝶「ほんでも、うちのお祖母《ばあ》ちゃんも、柳吉はんにはいっぺん出逢うただけやけど、まあ、いうなら褒めてたのかなあ。

静子「そうでっしゃろ。

お蝶「あのな、お祖母ちゃん、いうてた。この世というのはなんやワカランところや。ひとも自分もなんやワカランもんや。なんやワカランところになんやワカランもんが生まれてくるんや、人生というのがなんやワカランようになってるのはアタリマエや。しかしな、蝶子、あの柳吉ちゅう男衆は、その、なんやワカランということだけはようワカッテるみたいな男や。そういうてた。なんや目が回るやろ。

静子「そんなことあらしません。あの柳吉さんとかの頭の中は、フラグメントが他のひととチガウだけですワ。

お蝶「なんや、いきなり難しことというたな。

静子「フラグメントですか。うち、一応パソコン事務の試験で二級取りました。

お蝶「あんた、意外とエライんやな。むかし三味線、いまパソコンか。

静子「そうですねん。そやから、あの柳吉さんは頭エエんですわ。

お蝶「柳吉はんの頭の善し悪しは喋ってても埒あかんワ。それより静子ちゃん、あんたが藤吉さんを殺したというのはどういう経緯やの。

静子「それが、ハッキリとしませんねん。自分でも憶えがナイし、けど、そんな気もするし、そんなふうにいわれたたし。

お蝶「いわれた。いわれた、て、誰にいわれたん。

静子「なんや、名前の長〜いひとです。けど、信子さんが藤吉さんを殺すところも観たような気もしますねん。なんや、ハッキリしませんねん。

お蝶「信子姉さんが。それ、いつ頃のことや。

静子「信子さんが河童の神棚作らはる前かなあ。そこのカジノが、建設中やった頃です。

お蝶「河童に藤吉さんにカジノ。なんや、よけ、ややこしなってきたな。

と、雷。
辺りが薄暗くなってくる。

お蝶「あら、イヤだ。

静子「また雨やろか。

お蝶「柳吉はん、何してんのやろ。塩昆布つくるいうてたけど。(そっちを観た)

と、その柳吉、そっちからひょいと顔を出して、

柳吉「河内ちゅうのはな、三水《さんずい》の河に内と書くやろ。特に珍しい名前でもないねんけど、ちょっとおベンキョしてみたら、わりにオモロイんや。どうやらここは縄文時代の氷河期にせり上がって河内湾と呼ばれたところに淀川・大和川から流れ込んだ土砂が堆積して広がって出来た土地、この町、河の上にある土砂の台地らしいんやなあ。

お蝶「柳吉はん、塩昆布つくってたんとチガウんか。

柳吉「(笑って)へっへへへっ、そやからな、河童が出てもオカシイことはナイねん。おまけに楠木正成大楠公《だいなんこう》とも縁《ゆかり》のあるところらしいんや。塩昆布煮えるあいだに、手本は二宮金次郎や。なんぼでもベンキョーくらいできまっせ。

お蝶「楠木正成、だいなんこう。

柳吉「そうや、/ああ水銀、大軟膏/や。

〔作者注：水銀軟膏は、淋病(もしくは梅毒などの性病治療)薬と流布され、主に低額所得者の愛用品(ただし、男性に限る)となったが、効果があったという成果報告、研究論文や統計調書は存在しない〕

柳吉(歌う)

青葉茂れる水銀の
里のわたりの大軟膏

木《こ》の下蔭《したかげ》に水銀の
世の行く末を大軟膏
忍ぶ鎧《よろい》の水銀の
散るは水銀大軟膏

『無法松の一生』の如く浪曲歌謡を入れてと、

空に灯がつく　通天閣は
浪花おおさか名物の　この世に名だたる気高《けだた》き塔
オテナの塔よりまだ奇《あや》し
飛ばないところが　新世界の七不思議

で、歌にもどります。

ともに見送り　水銀の
別れを惜む大軟膏

またも降り来る水銀の
空に聞こゆる大軟膏
誰れか哀れと水銀の
あわれ水銀大軟膏

で、ここで、この歌に合わせてサービスに柳吉とお蝶のSALSA（dance）があってもイイとおもう。

と、雷。

暗転。

6 月に白虹《はっこう》貫きて暗夜の天変

時がどれほど経ったのやら、雷が聞こえ、雨の音さへしているので先程のsceneからさほどの刻みはナイようにおもえるが、すっかり夜といってもあながちマチガイではナイ。
是を／異化ほどの刻／という。

場は、あの畳の間。
塩昆布の煮込まれている香りがしている。

オートバイのエンジン音がして、停車した。
馬淵社長の声がする。

馬淵「～おーい、留守かい。信子ママ、蝶子は帰ってるだろう。

入って来た。


馬淵「なんや、ここにお集まりか。

信子「おやまあ、人ん家《ち》にずけずけと。お店は夜だけですよ。

馬淵「いやあ、悪い、悪い。ちょっと妙な噂を耳にしたんや。

信子「妙な噂といいますと。

馬淵「藤吉や。

信子「藤吉さん。

馬淵「近所で見かけたいうのおるんや。

信子「藤吉さんをですか。

馬淵「藤吉かどうか確かなことはわからへんのやが、着流しに頬被り。この店、覗いていたような気配やったと聞いたな。

お蝶「藤吉さんなら、今晩還ってくるそうですよ。

馬淵「えっ、

柳吉「そないな電話がかかってきましてん。
馬渕「誰からや。
柳吉「そら、藤吉はんに決まってまんがな。
馬渕「あんさんが聞いたんか。
柳吉「へい、わてが出ました。
馬渕「ほんなら、藤吉の声かどうかはワカランかったんやないのか。
柳吉「そらまあ、そうでっけど。電話の向こうは藤吉というふうに名乗らはったんで。
馬渕「ええ加減なことをいうたらアカンで、若旦那。
柳吉「はあ、しかし、ここは藤吉はんの出番がナイと、浄瑠璃パンクになりまへんねん。
馬渕「浄瑠璃パンクっ。何のこっちゃ。
柳吉「社長もご存知、こういうことでんがな。

と、一瞬の雷、真っ暗になったかとおもうと、ふいに明かりが変わっての、頬被りに着流し姿の藤吉登場となる。

馬渕「(笑った) そうかそうか。こら珍しい浄瑠璃ヤな。さんごくそうでんいんようかんかつ

ほきないでんきんうぎょくとしゅうっ、

柳吉 「その呪《まじな》いは効きませんよ。陰陽師の呪《しゅ》も塩昆布の匂いには叶わんとみえます。静子ちゃん、あんたも出ておいで。

静子が頭を抱えながら入って来る。

柳吉 「静子ちゃん可哀相になあ、このひとやろ長い名前の社長さん。呪術で悪い夢をみせられたんや。信子姐さんと同《おんな》じや。

信子 「どういうことなの、藤吉さん。

藤吉 「国営賭博場／IR paradise／建設工事の二重帳簿です。社長さん、a four（あっ ほ〜。こういう名称のホストクラブもあるが、無関係）な日本の政治家を騙すまでは文句ありません。しかし裏帳簿を知っているこの私を、この藤吉まで、殺さなくても。それは、いくらなんでも、やりすぎです。

柳吉 「その罪、信子姐さんと静子ちゃんになすりつける。こらあ、浄瑠璃でも社長が悪役でんなあ。

静子 「情状酌量っ。

柳吉「信子姐さんが持ってはった『金烏玉兎集』の片隅に、藤吉さんがちょっとずつ、社長さんの悪事の次第を書き込んではったんですわ。
信子「そしたら、あの晩の刃傷《にんじょう》沙汰の出来事は。
静子「私が刺した藤吉さんは。
柳吉「みんなこの長い名前の社長さんの陰陽呪術でんがな。
お蝶「柳吉さんあなた、よくそれが。
柳吉「おれの道楽、いや得意技は浄瑠璃。こんな筋書きは浄瑠璃の定番、英語でいうなら standard number.
馬淵「ほほう、若旦那。なかなかの見得（ケントク、仏教語。自らの智慧を働かせて真理を悟ること）。道楽も棄てたものではナイな。とはいえ己が悪事を書き連ねられた『金烏玉兎集』、そんな大事な古文書を、かくなる店に放り出していく莫迦はなかろうて。
藤吉「しかし私は、遠に馬淵猛太悪右衛門之介牛太郎に殺されてドボン。河童大明神に助けられて、河童としてならなんとかこの世にいられると。
信子「藤吉さん、あなた、河童なの。
藤吉「そうです。ヒトの姿で現れたけど、私、いま河童です。
馬淵「笑止、笑止。聞くがよいわ。儂は紛うことなく馬淵猛太悪右衛門之介牛太郎。されど大内道満は我が宿敵なるぞ、その道満にはるか昔、河童に姿を変えられて安倍清明が神社に吹き飛ばされ、そこで修行の幾星霜、河童大明神と成りしは儂がことぞ。

柳吉「えっ、すると、どういうカラクリに。

馬淵「聞け柳吉、静子と信子を誑《たぶら》かしたのは、大内道満じゃ。平安の時代から数百年、あるいは転生、あるいは他人に憑依して生き延びた陰陽師、我が宿敵。何の悪事を現世で働いておることやら。儂に姿を変え、つまり儂に化けたことも納得がゆく。

柳吉「すると社長、つまりあんたの正体は、道満にヤられた河童大明神かいな。

馬淵「いやいや、ワカランぞ。儂が河童大明神に姿を変えた大内道満ならなんとする。

柳吉「おいっ、どっちやねん。

馬淵「いずれにせよclimaxとなるならば、ここは、《だんまり》で白黒つけるべく、如何に、柳吉っ。(暗闘《だんまり》は、歌舞伎の演出の一つ。登場人物が暗闇という設定の中で、互いに探り合いながら死闘を繰り広げたり、物語の鍵となる物品を奪い合ったりする立ち回りをすること)

馬淵、匕首を二丁差し出した。好きなほうを取れということだろう。その一丁を柳吉、手にした。持ったことも無いものを持って、自信のほどはナイに等しい。

しかし、物語は待ってはくれない。互いに抜かれた匕首で暗闘《だんまり》の始まりとなる。

暫しの闘いはあるが、柳吉の敵《かな》う相手ではナイ。馬淵の匕首は、柳吉の腹に刺さる。柳吉、呻《うめ》きてへたり込む、ということになる。

お蝶「柳吉さん、しっかりして、大丈夫かっ。

柳吉「(息も荒く) 大丈夫、やないわ。勝てるかい。

馬淵「それを知っていて何故、挑んだ。儂を大内道満と判じたか。

柳吉「もうどっちでもエエわ。意地がすたればこの世は闇や、せめて夜明けの来るそれまでと、わいにも意地があるさかいにな。

馬淵「立派な覚悟だ。さてえ、いま一度柳吉に訊ねる。希望とやらを見いだせない、古里に裏切られたこの国の未来や如何に、如何に柳吉っ、作麼生《そもさん》。

柳吉「河童か道満だかワカラン御方、ほれから皆の衆。希望みたいなもんは無うてもエエ。そんなもん、このご時世、わいはなあ、このみじめなご時世に、ほんとに無いのは希望なんかやナイと、おもてるねん。

馬淵「では、儂が云った、故郷から捨てられた嘆きの涙か。

柳吉「それもチガウな。けんども、わいにも出来ることくらいはあるやろう。いまからそれをちょっとかんがえるさかいにな。just a moment.

お蝶「アホッ、柳吉さんバカね。ナニがjust a momentや。あんさんに出けるこというたら浄瑠璃パンクしかあらへんやないか。

柳吉「えっ、お蝶、おまえ、わいの浄瑠璃パンク、認めてくれるんか。

お蝶「私、許さへんヨ。あんさんがこのままここで死ぬことみたい許さへん。世界が何やっ、日本が何やっ、未来が何やというてますねん。放っときなはれ。あんさんはあんさんのやりたい仕事で生きなはれ。

柳吉「蝶子、そのとおりや。just a momentはオワリ。わいは〜浄瑠璃パンクの足腰立たせてみせたるわいの〜。説破《せっぱ》、と、どないや河童大明神。

馬淵「柳吉、臆面もなく、恥ずかしげもなく、よくぞ申した。浄瑠璃パンクに足腰立たせてみせるか。この河童大明神、その心意気で満足としておこう。ただし全て満足納得するには頼みがひとつ。この儂を吹き飛ばした大内道満、現世でも何処かに悪事企み生きているはず。その正体を、きっと掴んでくれまいか。云うまでもナイ、二重帳簿は道満が仕業。これが唯一の手掛かり足掛かり。それゆえ『金烏玉兎集』はおぬしに預けた。藤吉は、道満に運河に突き落とされ、水に沈んでいるところを儂が救うたのよ。シッかと『金烏玉兎集』を抱いておったわ。では、これにて儂は姿を消すとしよう。あの蒲公英の畦道、水車の河へと。

「さらば」と、踵を返して運河へドボン。もちろん、柳吉の腹の傷はすっかり消えている。

柳吉「深手が消えたがな。

藤吉「しかし、私のほうはどうしたらいいんですか。

信子「どうしたらいいの。せっかく美容院まで行ったのに、あんたが河童ではねえ。

柳吉「藤吉さん、しばらくは河童で我慢。わいが陰陽師の「呪」を必ず解いたるさかい。

藤吉「お願いします。

信子「どうかよろしく、柳吉さま。

明かりがもどると、柳吉が火にかけた塩昆布の鍋をヘラでかき回しているだけだ。

柳吉「なんや、そうかそうか、一炊の夢、邯鄲《かんたん》の枕やのうて、塩昆布が煮えるまでの夢か。しかし浄瑠璃パンクとしては上出来やったな。《だんまり》の climax もなかなかや。（味をみる）おっ、上手い。My life as a shioconbu. やなあ。

溶暗。

海老老句（epilogue）

top sceneのバス停だが、待っているのは柳吉のほうだ。

お蝶が急ぎ足で（戻って）来た。

お蝶「柳吉はん、なんやもう煙草の銘柄が変わってて、ようワカランけど、はい。（と、煙草を渡した）

柳吉「ああ、おおきにありがと、ごくろはん。

お蝶「バス、来ましたんか。

柳吉「来たな。

お蝶「ほな、待っててくれはったんですか。

柳吉「乗らんかっただけや。

お蝶「（ちょっと微笑んだが、真面目な顔で）何、かんがえてはるの。勘当された反省でっか。

柳吉「阿呆、誰がそんなことするかいな。我が辞書に反省ナシ。浄瑠璃パンクの新作をかんがえてたんや。
お蝶「また、そんなこと。
柳吉「何、いうてんねん。これがまた、オモロイねんで。あのな、
お蝶「それは、アトのお楽しみにしますわ。ほんで、いまから、どないしますねん。
柳吉「お蝶、おまえ、ひょっとして、この辺に姉さんがいるとか、あらへんか。
お蝶「おりまっかいな。そんなん。
柳吉「そやろなあ。そうはイカンかやっぱり。
お蝶「何を寝惚けてはんの。
柳吉「（観て）あれがparadise、政府公認の賭博場か。
お蝶「あんなとこ行きまんのか。（やや不安になったが）
柳吉「わいは、宝籤と博打はせえへんのや。それにな、電子賭博ちゅうのは、ひと様が絶対に勝てんように造ってあるねん。
お蝶「そうなんや。
柳吉「ＡＩとハサミは使いよう、や。
お蝶「あんさんと、おんなじですな。

柳吉「えっ、そら、どういうこっちゃ。
お蝶「(笑って) さあ、どうでっしゃろ。
柳吉「(とりあえず、無視を決め込んだか) お蝶、この運河の上流は、山から流れる河に繋がっとるらしいなあ。
お蝶「そない、聞いてますけど。
柳吉「そこに安倍清明やら、楠木正成大楠公が祀ってあるらしいんや。
お蝶「そうですか。
柳吉「わいな、その辺りの河でガタロでもするわ。(妙にえらく胸をはった)
お蝶「ガタロ、(やや、驚いたが) よっしゃ、ほんならうちも連れてってんかっ。
柳吉「ガタロやで。飯のおかずは塩昆布だけでしんぼ、すんねんで。
お蝶「あい、そうします。
柳吉「ほな、いこか。(街を観ると) おっ、観てみぃ、街にも灯が点ってきた。あら、みなLEDやで。
お蝶「ひとむかし前はneon signでしたなあ。
柳吉「どっちにせよ、街の灯に送られ迎えられての、道行きや。
お蝶「柳吉はん、(駆け寄って)

柳吉「なんや。

お蝶「頼りにしてまっせ。(柳吉の着物の袖を掴んだ)

二人、歩きだした。

ものみな歌で終わる。柳吉のうたをどうぞ。

柳吉歌う。

浄瑠璃パンクで今宵も暮れて
ガタロ暮らしは明日もつづく
飯のおかずは塩昆布
おまえ三味線　おれ　歌唄う
それで充分　それが二人のパラダイス
おまえ白菜　おれ九十胡瓜《くじゅきゅうり》
ともに白髪の糠漬けに

それが二人の　パラダイス
おれとおまえの　パラダイス

終幕

縛師《ばくし》の娘

1

登りきるまでおよそ四百メートル、長さと傾斜角だけは立派なその坂道、直線に舗装された傾斜の強い坂道は、ロサンゼルスの坂を思わせた。

もちろんロサンゼルスの坂道に比するには、歴史も伝統もナイただの新興住宅地の坂道なのだが。

ここ十年くらいのあいだに、都市部の膨張とでもいうのか、地下鉄の延長工事がほぼ完成したのだが、その坂道はそれに伴って出現した（もともとは山林であった所が削られ造成された）新興の住宅地というシロモノを南北に貫く何本かの坂道の一本で、道路の両際にはマンションやら（高級なものからワンルームのものまで）一戸建ての新築家屋やら、おそらくその辺りの畑や梅林を売って建てられた成り金の地主が住んでいるに違いない大袈裟な邸《やしき》やらが林立していた。

坂道に設えられた歩道を上り下りするのに人影の多くあるのは、通勤時間とその復路に該当する帰宅時間だけで、昼間はひっそりと、人通りは深更のように少ない。

柘植《つげ》新介はその長い坂を登り切ったところにある引越しセンター（そこが彼の勤め先だから

なのだが）に向かってぶらぶらと左右の景色を観ながら歩いていた。その日は遅出の出勤で、勤務時間は午後二時から十時だ。とくに急ぐ理由はナイ。日差しは四月の半ばの春のぬくもりだし、小用でも我慢していない限り早足になる必要はナイ。

坂の半ば辺りに緑色のフェンスが坂道に沿うように張ってあって、フェンスそのものも最近作られたというものではナイ。

気にかかるといえば、そのフェンスの中央に錆び付いた鉄扉があり、これがいつも半開きになっていることくらいなのだが、鉄扉といっても、フェンスに見合う程度の安普請で、ひと一人が通れるくらいの幅でしかナイ。フェンス越しに扉の向こうを覗いてみると、やはり錆びた鉄板の階段があって、そこを降りると近接の家の住人が造作したらしい花壇になっている。

さほど手入れが行き届いているとはいいがたいのだが、チューリップなどの見知った花の他に、名も知らぬ花々がいまを盛りに咲いている。それはこの季節としてはめずらしい光景ではナイ。ただ、どういう人間にも不似合いな行動というものがあって、新介もとりわけ花を愛でるなどという趣味はなかったのだが、その日その鉄扉をふっと開けて花壇に下りた。新介にとってそれは初めての行為であったが、そのふいに思いついた行為が、彼のその日の運命を引っくり返すことになる。

さて、そういう具合に新介が歩道から消えたので、歩道にはもうほんとうに人影はナイ。歩道を歩いている者は誰もいない。ノベッとしたアスファルトの勾配があるだけだ。

そこにちょうど坂の頂点辺りの邸宅から、年齢にして二十歳をちょっと過ぎたあたりの、一見令嬢ふうの女性が、最寄りの銀行にでも出掛ける程度の軽い服装で出て来ると日傘を開いて坂を下り始めた。

軽装とはいっても、ワンルームマンションの住人でナイことは、いま出てきた新築の邸宅が洒落た前庭を持つ一戸建てであることから推しはからなくともよくワカッタ。

彼女が日傘をパッと開いたそのときだ。日傘越しに坂道の向こう側から鈍色に赤い、ダークルビーとでもいえばいいのか、そんなボディカラーのセダンが一台、ぬっと姿を現してスピードを落とすのがみえた。

それだけならこの坂道でよくみかける風景なのだが、セダンは先程の令嬢の真横に擦り寄るようにして車を近づけ停車した。

ひょいと彼女がその車をほうを観た瞬間である。脱兎のごとく車から降りてきた二人の男によって彼女は捕奪され、抵抗をする時間もなく、無理やりに車の後部座席に押し込められた。つまり拉致か、誘拐、ということになる。

彼女の持っていた日傘が坂にコロコロと転がった。

転がっていくパラソルを例の鉄の扉からもどって来た新介が目撃した。つまり、セダンの車窓から観ると、誰もいないはずの歩道にいきなり人影が出現したことになる。

走り去ろうとしていたセダンは、転がる日傘を不審に思いながら近づいて来る新介の前で急停車した。それから、先程の男たちが車から飛び出てきた。新介はただ虚沌とした目でその二人をみていたが、そのうちの一人が新介の腹部に登山ナイフを突きつけ否応なしに新介も後部座席に押し込めた。

二人の男の一人は運転席の助手席に、一人は新介と令嬢が理不尽に乗車させられた後部座席にわかれて乗り込んで、セダンは再度、発車した。

「ハナっから、計画が狂ったぞ」

と、後部座席の男は剥き出しの登山ナイフを新介の横腹に突きつけたまま、運転席に向けて罵声を飛ばした。

「いいじゃないですか、計画らしい計画なんか無かったんですから」

そういうふうに宥めるごとくいったのは助手席の髪の長い、おそらく三人組の中では最も若い男だ。

「どうするんだっ、女だけだったろ」

インシデンタルか。新介は自分の置かれている立場らしきものを理解した。余計なものがひとり、それが新介、自分自身なのだナ。

車の座席シートは満杯になったが、暴漢は三人だ。運転席の男の顔は新介のほうからはよく観えないが、バックミラーに映った目つきはつり上がって、頭髪は坊主刈りだ。助手席の長髪は半身を後部座席に向けているので、顔はよくワカル。タートルネックを着た、新介とはあまり年齢差のナイ、まだ大学生を終えて間もないというところだ。いや、大学生なのかも知れない。

後部座席の左窓側で登山ナイフを光らせている男は、刈り上げの頭でガタイもイチバン大きく、キツイ肉体労働でもやってそうな日焼け顔だ。眉も太くて鼻もデカい。ただ目だけは団栗のようにまんまろな、童顔ともとれるチグハグな顔つきをしていて、彼だけが額に粒々の汗をかいている。Tシャツ一枚なのは暑がりなのか、この男のファッションセンスなのか、よくはワカラナイ。男の首でシルバーのネックチェーンがゆれているのを新介はチラリと観た。これで、この男の職業が銀行員とか、大学教授だなんていわれたら、笑うかも知れないな。

「おい、あまり喋るんじゃナイ」

と、運転席の男がいった。小さな落ち着いた声だが、命令口調からすると、どうやら、この坊主刈りが主犯、リーダーというところらしい。

令嬢はただ俯いている。泣いているのかも知れない。といって新介のほうも励ましやら、慰めの声をかけられるような状況ではナイ。

たしか計画がどうのといっていた。と、すれば、新介の右の窓側にいる令嬢を拉致するのが目的であったことは間違いないように思われる。自分は偶然の、予期せぬ目撃者として、ついでに引っ張り込まれただけだ。と、この辺までの事情は新介は飲み込んでいる。

つまり、令嬢が目的の誘拐ならば新介には降って湧いた災難ということだ。

と、なると、何処か人の気のナイところで殺されて棄てられるだろう。だいたい用無し、無用の産物なんだから。ここら辺りまで新介は推測を進めた。

そういうことならば、逃げなければならない。

逃げねば殺される。

いや、逃げられなければ、殺される。

しかし、逃げられる状況ではナイ。

新介はこれだけのことをさらに殆ど一瞬に考えた。それから自分（たち）を脅しているものが拳銃などではなく、おそらくは市販のナイフであるというところから判断して、この三人組は、何かの組織の者ではなく、この三人が賊の総《すべ》てに違いない、と判断した。

そんなことを新介が割合に冷静に考えられたのは、たぶん、高校を卒業してから六年間という時間、引越し業務という稼業に精出してきたからに違いない。新介の勤める引越し屋はそれほど大手ではなかったが、小さなビル程度の引越しも請け負っていた。極めて条件の違う家屋から、さまざまなものを最も効率良く梱包して、荷積みし、手際よく引越し先に配置する。具体的なことをいえば、下見で部屋ひとつを観れば、梱包材料がどれくらい必要かを前もって目算出来なければ稼業は成り立たない。そういう稼業から学んだ観察力というのが新介を援《たす》けていることは確かだった。

と、ようやくといっていいのか、令嬢が、俯いたまま、か細い声を発した。

「私をどうするのですか」

この問いかけには、誰も答えなかった。

黙秘していたワケではナイ。応えるべく答えがナイといった空気だった。

つまり、この三人組は、恐るべきことにとりあえずその女性を拉致しただけで、その後の細かい計画など殆ど何もなかったのだ。いかな新介の頭脳、つまりは引越し業務のマニュアルでは、さすがに、そこまでは推理は及ばない。

令嬢がもう一度同じことをいおうとした。

「私を」

と、登山ナイフの団栗まなこが、さらに目を剥いて、

「喋るな」

と、胴間声を出した。

令嬢は、ハンカチを出して目の辺りをぬぐった。涙を拭いたのだろう。それから、奇妙なことに、そのハンカチで口元を隠した。何気なく新介はそんなしぐさをみていたが。おやっ、笑ったっ。たしかに新介にはそのようにみえた。声に出したワケではナイが、口許で微笑したようにみえた。まさかこんな状況で笑うなどということがあるワケがナイ。それに泣いていたみたいだったし。もし、笑ったのであれば、この令嬢、何なのだ。新介は暴漢三人を穿って、視線をもう一度被害者にもどした。目は半ば閉じているようだが、ハンカチで隠した口許には、まだ微笑が残っている。

新介の不安と恐れが好奇心にとって代わった。

2

セダンは高速に乗った。そこでやっと、二人を脅し続けていた登山ナイフは、男の二の足に備えられたナイフ・サックに仕舞われた。

新介にとって、もちろん被害者の令嬢にとってもだが、運が良かったのは、高速道路が渋滞していたことだ。何かしら時間が稼げるのではないか、そうすれば、逃げるチャンスが出来るかもしれない。

「事故処理かな」

長髪は窓から首を出して、前後を確認でもするかのように観てからそういった。運転手は黙っている。だが、苛立っているのか、あるいは高速に乗ったことを悔やんでいるのか、ハンドルを握っている右手の人差し指がさかんにハンドルをコツコツ叩いている。

「何にせよ、今日のうちにケリつけないと、ヤバイんじゃないのか」

後部座席のガタイ男が前部シートに乗り出して、そう口にした。思ったことは何でもコトバにする。そういうタイプだ。感情九十九、理路は一。

「焦るなよ。まだお日様高いんですから。あんた、ゴタゴタいい過ぎだよ」

答えたのは長髪である。

この長髪がイチバン落ち着いているのかというと、新介の観察ではそういうワケでもなさそうで、この男も小刻みな貧乏ゆすりを繰り返していた。ようするに三人とも苛立ってはいるのだ。ただ、その苛立ちの抑制の仕方が異なっているだけだ。

車はのろのろと動いては止まるという、高速渋滞でのお決まりの動作を繰り返している。運転手の男がラジオのスイッチを入れっぱなしにしているのは、交通情報を聞くためだろう。たいていの番組では三十分から一時間に一回、交通情報があるのを新介は仕事柄知っている。リスナーに運転手が増えたためだ。

交通情報が入った。やはり事故処理の渋滞らしい。軽乗用車のスリップによる転倒で、五キロの渋滞。復旧は遅れている。

軽乗用車の転倒処理、五キロの渋滞。解除までたぶん一時間程度。新介は経験からそう計算してみた。たぶん、この渋滞が終わったら、まず車は人里離れた山間部にでも入っていくにチガイナイ。そうして自分から始末されるだろう。新介には、それは疑いようのナイことに思えた。ともかくも自分という人間はインシデンタルな邪魔者、ただの運の悪い目撃者にしか過ぎないのだから。

この辺りで、山間部に入る路。新介は記憶を辿ってみる。高速道路は、山を削って造られた道だから、殆どが山間部を走ってはいる。ただし、大きなインターチェンジではナイにせよ、山間部に入るには、何処かの出口で一旦、降りなければならない。そんな出入り口は幾つかあったように記憶しているが、そのどれを選ぶのだろう。

相手の武器は飛び道具ではナイが、三対一では勝ち目はナイ。

いま、声をあげて助けを求めるのはどうだろうか。この事態、異変に気づいてもらえるだろうか。とても無理なようだ。この車内で、あの登山ナイフで刺されて、毛布でも被せられたら、もうオシマイだろう。

何処かで勝機、脱出のチャンスがあるだろうか。

そもそも勝機自体があるだろうか。

勝機というのは、この賊を倒さないまでも、自分自身は逃げ果たせなければならないということだ。悪いが、何処の誰かワカラナイ被害者の女性のことは、現状では助け出すなどというシチュエーションはシミュレート出来ない。しかし、逆に、その女性に三人組がかまけている間に、何かスキが出来るかも知れない。他力願望だが、それ以外、殆ど逃走経路は思いつかない。どんなに嘆願しても、何か途轍もない条件でも出さない限り、自分の命はこの渋滞が終われば、そこで終わる。

死にたくはナイ。

登山ナイフを奪うというのはどうだろうか。

登山ナイフが奪えるだろうか。

これも不可能に近い。しかし、何か手立てを考案しなければ、自分の人生は、この先まだ長いであろう命の行方は、ここで無慈悲に、ワケのワカラヌ偶然の他人に依ってイキナリ決定されてしまう。恐怖というより、それが何か耐え難い屈辱のように新介には思えた。

車は最初の五分ばかりはのろのろ行っては止まるという運転を繰り返していたが、まったく動かなくなってしまった。それがまた五分ばかり経つと、後部座席のガタイ（そう新介は称することにしたのだが）が愚痴りだした。

「な〜んで、高速なんか上がんだよ。判断ミスじゃないの」

「判断にミスはつきものだ」

めずらしく運転席（これはボウズと称することにしたのだが）の男が応えた。

「まあ、このまま凍結されるワケじゃないですから、や、（たぶん、ここでガタイの名前を口にしかけたのだが、慌ててそれを閉じたのだろう）やっさん、まだまだ時間はありますよ。それより、も少し段取り決めておきましょうよ」

新介は長髪の男のコトバで、この拉致がかなり無計画な行動らしいと、さらに確信した。

「殺しはイヤだぞ」

と、ガタイがいった。

それを聞いて、令嬢がハッとして顔をあげた。新介は初めてまともにその女性の顔を観た。女優になれる程の美人とはいえないが、センスのいいスタイリストとヘアメイクでも選べば、充分に映える顔だちだということがワカッタ。もしかしてこの事件、いや、これが何らかの事件になるとしたら、新聞に載る彼女の顔写真は、世間に大いに同情をアピール出来るだろう。そんな、何か〈素人〉ではナイ容貌というものをこの女性の造作は有していた。

令嬢はキッと歯を噛みしめて（唇は半ば開いていたが）、横向きになって斜に後部座席をみている長髪を睨んだ。新介が驚いたのはその目付きが暴漢三人の誰のものよりも、残忍だったことだ。

とてもスポイルされて育てられた女の子ではナイ。いったい、何なのだろう。令嬢、娘、どう称してもいいのだが、拉致された被害者への好奇心は増した。

「寝覚めの悪いことはよしましょう」

とだけ長髪がいって令嬢の視線を避けた。そのコトバ、ガタイにいったのか、令嬢にいったのか、おそらくそのどちらにも向けてのコトバを選んだのに違いない。

「お金、ですか」

令嬢が小声で問いかけた。鼻を通り頭の上に抜ける声のトーンだ。小声でも通りがよい。

この声を咽頭から胸部へとトーンを制御すれば、おそらくドスの効いた声になるだろう。これは、新介が高校生のときの部活、演劇部で先輩から教わったことだ。

「ズバリいえばそうですね」

と、長髪が丁寧に応じた。声の質でいえば、長髪のそれはやや掠れている。地声というふうではナイ。何か大声を出す仕事をしているか趣味が影響している。たとえば、野球やサッカーを競技場で観覧し絶叫するとか、あるいは、競馬などの賭け事で実際に競馬場に出向いているとか、だ。

「持っていませんよ」

現金は、という意味だろう。そう長髪も解したようだ。

「カードなら何枚かあるでしょ。それで引き出せるだけ引き出してもらいます」

果たしてそれで事はすむのだろうか。彼等は少なくとも当事者の二人に顔を観られている。一人なら解放したかも知れないが、この状況ではそうはいくまい。もしかすると、彼等は新介を捕縛したことを後悔し始めているのではないだろうか。

「ちょっとハンドバッグを貸してもらえませんか」

いって、長髪が後部座席のガタイにアイコンタクトした。

たぶん、このやりとりを運転席のボウズが文句の一つも入れず黙って聞いているのは、高速に乗ってしまったミスを何処で挽回するか、そちらが彼の思考の優先順位になっているからだろう。あるいはもっと先々のことを思案しているのかも知れないが、果たしてそんな余裕がボウズにあるのかどうか。相変わらず彼の指はハンドルをコツコツやっている。

ガタイが令嬢からバックを取り上げたのを、さらに長髪がかっさらうように引っ張りあげた。

それから、ゴミを漁るような物色。長髪はバッグからピンク色の財布（にしては少し大ぶりだったが）らしきモノを取り出すと、その中身を調べ始めた。

そうして、数枚の紙幣を抜き出すと、これは自分のポケットにねじ入れ、カードを吟味すると、それも胸ポケットに仕舞い込んだ。さらにしつこくもう一度バッグの中を探っていたが、この男には似合わぬ（と新介は思ったが）嬌声を発した。

「ウッホー。ラッキーよラッキー、ラッキー。どうしたの、ほほ、通帳まであるじゃないか。コナミレイコさんとコナミカツミさんがありますね。どっちかは母上ですね。いやあ、運がいい俺たち。二人分めっけたぜ。たぶん、銀行にでも行くところだったんだな。そうでしょ。ほう、どっちもけっこうな残額ですね。普通預金としては多いほうだな。まあゼロ金利のご時世だからな」

通帳をみながら、長髪が今度は口辺を歪めて笑った。

新介はその顔に会社の同僚であるアルバイトの浪人学生と似たものを観た。そういえば、ガタイにしてもボウズにしても、人格こそ違え似たようなタイプ（性格的にであるが）が勤めている引越し会社にいることを、新介は（アテ推量ながら）発見したような気になった。

たとえば長髪は先程も感じたように、要領よく常にサボっている浪人の予備校生ということになる。浪人なら終日受験勉強でもしていればいいのに、どういうワケかアルバイトに週三日～四日顔を出す。当初は家庭が貧しい苦学生なのかなと、新介も何かと相談に乗ってやったりしていたが、たしかに家庭が貧乏で苦学生までは間違いなかったが、本音は大学受験だから仕事のほうは手を抜くのである。チーフから叱られてばかりいるのだが、一向に怠け癖がとれそうにナイ。新介も、その辺のことを諭してみるのだが、あまり働いて体力を消耗させると受験勉強に影響するから、などと馬鹿馬鹿しいやらふざけているのやらの口答えといい訳に新介も少々腹が立つ。

ガタイは、無口で黙々と仕事をこなすのが一人いるが、それに似ている。その体格にみあった、けっこうな力持ちなのだが、多少荒っぽいところがあり、家具をぶつけたりすることが多い。これもチーフからイエローカードを出されるのだが、そう堪えている様子でもナイ。一人になったときに、独り言で愚痴をいっているのを聞いたことが何度もある。

そうだ、ボウズはまるでチーフじゃないか。表と裏の顔があって、客には愛想がいいのだが、新介たちのようなチーム要員の自分より下っ端になると神経質なほどに注意、警告を発する。責任者としての管理を真っ当しているつもりなのだろう。が、たとえば、ちょっとした私語、客に対するコトバ使いの拙さ、休憩時間のタバコ、果ては荷物を運ぶ歩数まで文句をいわれることがある。

新介は、そんなふうに吟味（ほんとうは勝手な妄想なのだが）して、三人のキャラを分別した。とはいえ、それが何かの役に立つのかとまで自信を持っていたのではナイ。

「しかし、これは窓口でないと無理だな。うーん、間に合わないか」

長髪は腕時計をみた。車はピクリとも動かないでいる。

「じゃあ、とりあえずカードか」

胸ポケットから長髪はカードを数枚出して、睨んだ。

「でも、一日におろせる金額は決まっています」

と、令嬢が、こんな悪さはワリに合わないことを諫めてでもいるかのように、長髪にいったが、そのコトバは無視された。

「ATMで両方から一度じゃ百万に届かないか。まあ、女のほうは身ぐるみ全部売って、カラダも売り飛ばして、どうかな。二、三日付き合ってもらったらATMから、もう少しは稼げそうだし、明日全部窓口でという手もあるけど」

独り言なのか、脅しもこめて令嬢に聞かせるようにいっているのか、ともかく新介の存在は論外であることは確かだ。

「カラダ売り飛ばすって、アテはあるのかよ」

と、声自体は大きくなかったが、ガタイがあきらかに苛ついた口調で、長髪に噛みついた。

「そんなことを俺に聞くくらいなら、あんたはサイトでそういうトコロを調べてみたらどうなんだ。あるだろ、たぶん。なければ、こっちから書き込めばいい。やってみろよ」

「命令するな、ボケ」と、吐き棄てていいながらも、ガタイはケータイをポケットから取り出すとにらめっこし始めた。新介はこの様子でさらにたいていのことに察しがついた。この三人組は古い仲間でも友人でもナイ。コンビネーションが悪いのは、チームの仕込みが俄づくりだからだ。おそらくケータイの裏サイトで知り合ったに違いない。思いつきというのでもナイが、計画的でもナイことは間違いナイ。あの、人の出歩きの少ない新開住宅地で、獲物を待ち受けて車を停めていたのだろう。要するに拉致された女性と、それを目撃してしまった自分には運がなかっただけだ。

運ひとつの出来事、運がなかったの問題なら、あるいはこれがツキの類なら、何か巡ってくる運やツキがあるかも知れない。新介は悲観的な思案を切り換えた。この新介の判断というか、新介自身の性格が丁と出るか半と出るか。幸、不幸はまことに賽の目の転がり次第というしかナイ。

「ところで、印鑑は何処なんです。通帳があるところをみると、俺たちは運良く、あんたが銀行に行くところをご一緒出来たと、そういうことなのでしょうけど、印鑑がありませんね。空の印鑑入れがあるからには、印鑑もあったはずですよね。隠したんですか」

あいかわらず、ひとをバカにしたような丁寧コトバで長髪が語りかける。その長髪の掌には、銀行印の入れ物らしい、布貼り飾りの判子入れが、蓋を開けて中身が空の様子をみせていた。

「棄てました。それから、印鑑ではなく、正しくは判子です」

長髪の質問に令嬢はそう答えた。この応えには、長髪も何か躊躇ったろう。新介も少なからず驚いた。と、いうのも、令嬢のいったことが何のことか瞬時にはワカラナカッタからだ。

「印鑑というのは、捺された印のことですから」

と、令嬢が、小さな声だが凛とした答弁のようにそう返答をつづけた。

「棄てたぁっ」

声をあげたのはガタイである。

長髪はすぐに後部座席の、令嬢側の窓を観た。なるほど、少し開いている。

「なあるほどねえ。スキをみて、ポイしましたか。印鑑ではなく、判子ねえ。そういうふうにいうのですか。お家は、そういうこともしっかり勉強になるようなご商売なのですねえ。勉強になりましたが、煙草と判子のポイ棄てはやめましょうってのは知りませんか」

令嬢の教養に突付かれた安価な矜持をはぐらかすために、冗談でもいっているつもりなのだろうが、長髪のコトバにはあまり余裕というものは感じられない。しかし、いつの間にそんな判断をしたのだろう。それも含めて、この女性はバカではナイ。新介はさっきまで鬱々としていた女性の横顔をもう一度まざまざと観た。何か覚悟でも決めたのか、不思議なことにこの被害者のほうが、三人組より落ち着いているようにみえた。それにあの嬌笑、ありゃあ、何なのだ。

「そうなるとねえ、お嬢さん、どうしてもカードの暗証番号を聞き出さなければなりませんね。しかし、あんたはどうも素直でナイ気がする。違いますか。そうなるとねえ、そうなるとねえお嬢さん、（ここで、喉仏のあたりをゴクリと動かすと）痛い目みなきゃなんねえんだぞ、ワカッテんのかよっ」

大声こそ出さなかったが、苛立ちを爆発させたように長髪が怒鳴った。

令嬢は一瞬肩をすくめたが、小さな溜め息を漏らすと、

「暗証番号は、いえます」

と、銀行員にでも答えるようにいった。

えっ、と新介すらも驚いた。拍子抜けしたといっていい。

「ただし、私のほうだけです。母のほうはいえません」

「あんたはどっち、レイコさん、カツミさん、どっち」

「私はレイコです」

「そうだろうなあ、残高の額が違うよ」

「母のほうはいえません」

毅然として令嬢は答えたが、長髪は二通の通帳をパンパンと音のする程叩き合わせると、
やや声高になった。

「いう、いわないは、あんたが決めることじゃないのよ、お嬢さん。あんた自分の立場、ワカッテいるんだろ」

「母のはいえません。知りませんから」

「あんたの通帳は百万ちょっとじゃないの。ほんとに売り飛ばしてあげようか」

このとき、ガタイが携帯電話を閉じて、

「おい、女を売り飛ばすサイトなんてないぜ」

と、団栗目を開いた。

「お湯に沈めるとか、あるだろうが」

たぶん、これはソープのことだろうと聞いていた新介は解釈した。

「馬鹿コケ、いまどき身元のハッキリしている娘っこを引き取ってくれるとこなんか暴力団直轄でもあるもんか」

「へーえ、そうなの。そうなのか。じゃあ、もう、いよいよ暗証番号だな」

「母のはいえません。知らないもの」

令嬢は繰り返す。きっぱりと。

長髪はこの堂々巡りをどうするか、耳をほじくっていたが、

「ローンで借り倒しても、たいした金にはならないな」

といいながら、初めて新介のほうを直視した。

「お前、何の仕事してんだ」

新介はいよいよお鉢がまわってきたかと思いつつ、「引越し屋です」と答えた。

長髪は、わざとらしいため息をついたアトに、座席シートを指で弾きながら、令嬢にいったのと同じことをいった。それから、

「ダメだなあ。貧乏くじかよ。誘拐に切り替えるか」

冗談とも本気ともとれる口調だった。

その、誘拐というコトバを聞いて、反射的に新介は大芝居を打った。

「誘拐するなら俺のほうが得ですよ。こうみえても俺の実家はスゴイから。ですから、このお嬢さんは放り出して、俺を人質にしたほうがいいんじゃないですか」

長髪もガタイもしばし無言で新介をみつめていたが、

「お前、正義の味方か」

と、長髪が、そんなコトバなど信用するかとでもいうふうに、上目づかいに新介を睨み付けた。

新介にしても、突発的に、よくも大嘘がいえたものだなと自分自身を呆れていたが、いってしまったことは仕方がナイ。

車は寸分動かない。

「あ〜あもう、この道路はどうなってんのよ」

新介のことには興味がなさそうに、長髪が両手を挙げて背伸びをした。

「ウソじゃないですよ。俺の実家はあんたたちが俺を捕まえたあの辺りで、土地売って、元は普通の農家だったのが億万長者になったんです」

再度、新介は大嘘を試みた。

「山も持ってました。田畑もみんな売って、いまは左団扇で暮らしていますよ」

「幾らで売れたんだ」

ガタイのほうが興味を示した。

「詳しいことは知りません。ただ、兄弟姉妹、孫の代までは安泰だとか、祖父がいっていました。そう聞いてます」

「その安泰が、何で引越し屋なんかに勤めているの」

今度は長髪が訊いた。

「それは、俺がただ、働くのが好きなだけだからです」

「働くのが好き、ふえーっ、めずらしい人間だな」

その長髪のコトバに令嬢が、

「そっちのほうがアタリマエでしょっ」

口答えというのだろうか、声を荒らげた。ガタイも長髪も、その強気な発言には驚いたような、信じられないような表情をみせた。とはいえ、とくに応じる術も必要もナイと判断したのか、結果的にはただ聞き流すだけになった。

「何か証明出来ることはあるのか、御曹司」

と、長髪が揶揄していう。

「実家に電話してくれればどうですか」

と、新介は答えたが、こんなところで飲み会の馬鹿話が役に立つとは思ってもいなかった。

高校時代の悪友《ワルトモ》が四人《よったり》ばかり集まってのことである。大衆居酒屋での飲み会の席で、もし合コンをやる機会があったら、互いに身分を偽ることにしようと結託した。互いが別の合コンに出席しているときには、その虚言にひょっとして身元確認の電話が入るかも知れないが、そのときは大嘘をつきあおうというのである。そこで、新介は自分を土地成り金の大富豪の孫という設定に決めたのだ。

新介は友人のケータイの番号を弟のものだと伝えた。弟は結婚して姓が変わっているが、自分は柘植新介だと、ここで名乗った。

長髪がその番号に電話をかけた。

「で、あなた、柘植新介さんの弟さんですか」

電話の向こうはほんの数秒躊躇していたが、事情を悟ったらしく（合コンのときの取り決めを憶い出したらしく）、そのとおり、と答えた。

「柘植新介さんがね、私の妹とお付き合いしたいらしいのだけど、まあ、簡単な身辺調査ですよ。お宅の実家、大富豪なのですってねえ」

電話の向こうは、それほどでもないけどネ、などと答えた。電話の向こうの友人《ダチ》はこの電話を例の合コンの暗号めいた冗談で処理している。つまり大嘘をついてアトで笑えばいいだけのことだと確信しているようだ。

「まあ、俺自身、会社持っているしね。ちょっとここのとこ業績不振だけど、今度インドのほうにも工場建てたから、まあなんとかやっとというところですよ」

この友人の虚構の設定は、大会社の嫡男。新介の弟かと問われて多少戸惑ったが、その辺りの融通はきく。

長髪はケータイを切って、それを頭に当て、しばらく考え込んだ。

車は依然として微動だにしない。

運転席のボウズが口を開いた。

「木の根っこに、いっぺんに兎が二匹というのは話がウマ過ぎるな」

「だったら、どうするんですか」

と、長髪。

「ま、調べようもナイし、しょうがないが、気を緩めんようにナ」

「二人とも頂いちゃいますか」

「いいじゃねえか。運が向いてきたんだよ。ツキがまわってきたんだよ」

ガタイは前座席に身を乗り出した。

「いや、ですから、このお嬢さんは解放してあげて下さい」

と、新介が懇願すると、

「取れるだけ取って、こっちの身が安全になったらな」

軽く受け流された。

状況は変わらない。

ただ、すぐさま殺されるという危機は脱したはずだ、と新介は唾を飲んだ。

新介とて、窓側の令嬢、レイコさんとやらを助けるなどという気があったワケではナイ。

ただ、そうしたいい回しのほうがリアルに聞こえるのではないかと算盤を弾いたのである。

それに、もし、相手が自分の要求に応じてくれれば逃げやすいかもと、漠然とそう考えただけだ。だが、状況はあまり動かない。

「事故処理にしちゃ、長いな」

とガタイがいった。ボウズは何もいわない。しかし、どちらも苛立っていることは確かなようである。

「ともかく、判子をポイされたのなら、暗証番号を聞き出すことしか手はナイんだからさ、こっちの御曹司のほうは銭になりそうだけど、やっかいなだけですな」

長髪は、新介と令嬢レイコを互い違いに観ながらそういった。

ガタイが、何か思いついたとばかりに腰を浮かせた。

「三人のうちの誰かの口座か、そうだ、こいつ自身の口座でいいんだ。金が急に入り用になったと電話して振り込みさせるっていうのはどうだ」

「振り込め詐欺か。最近はだいぶ用心されているよ」

ガタイと長髪の会話はそれだけで終わってしまった。

「あまり難しいことは考えないほうがいい。下手な考えナントヤラというヤツになる。ともかくは、半殺しにしてもいい、そのお嬢さんから暗証番号を聞き出すのがイチバンだ」

と、初めてボウズが方針らしいことを口にした。いままで黙していただけに半殺しというフレーズも生々しく、恫喝の力を充分に発揮して聞こえた。

「そっちの御曹司は、（と、ここで何やら思案して）車のトランクに俺のスーツが入っている。（長髪に向けて）あんたが町金《マチキン》の取り立て屋ということで付け馬でもして、そうだな、三百万ばかり焦げついているということで、直接、お屋敷にご一緒する方法くらいかな」

ボウズは悪賢さにかけては三人のうちでは図抜けているとみたほうがよさそうだ。新介は、酔った勢いまかせに取り決めたことだけを頼りにして、稚拙で余計な策略を用いたことを後悔し始めた。

と、右隣の令嬢が左手で新介の右手に触れてきた。新介は最初はナニごとかとレイコ令嬢のほうを穿って観たが、令嬢は俯いたままだ。そのうち何か自分に手渡そうとしていることに気づいた。固い小さな円筒状のものが二つ。これは、判子である。棄てたといったが、中身は持っていたようだ。それをいま、新介に密かに手渡しているところを考えると、預かれといっているに違いない。もちろん、三人にはワカラヌようにである。新介は惚けたほうを向きながら、判子を受け取ると、ジーンズの後ろポケットに押し込むようにそれを仕舞い込んだ。ボウズは逆の方向を観ている。たぶん、バレなかったろう。大丈夫だ。しかし、何が大丈夫なのか、まったく新介にも自信はナイ。

車がゆっくりとだが、前方車両の動きに流れて動きだした。いよいよ追い詰められてきた。そんな気がした。

3

無断欠勤を叱責する電話がナイのは、ケータイを取られたまま電源を切られているからだろう。今頃は仕事仲間がぶつくさいっているころだ。と、新介はロッカーの並んだ作業員待機室の様子を想像した。

車は二十分ばかり高速を走って、途中、路肩に寄せられ、そこで、令嬢にはアイ・マスク、新介には準備がなかったようでとりあえずタオルで目隠しがなされた。みんな運転手のボウズの指示である。それからしばらくして車は高速を降りた。

途中ガソリンスタンドを二つばかり通りすぎ（これは新介の嗅覚がそれを知覚せしめた）舗装のされていない道路に入った。ただし、土の道ではナイ。バラスが敷かれた痕跡のある道を、走るタイヤの軋みが聞こえるところから判断した。おそらくは何処か工事現場への通用路に臨時につけられた砂利道だろう。引越し稼業で多く車に乗ってさまざまな道をドライブした経験が新介にそう報せた。勾配からして、あまり高くはナイが、山道に入ったようだ。小さく開けてある車窓から流れてくる空気がひんやりとしてきた。

何度もカーブを切りながら、山鳥の声しかしない場所で車は停まった。

運転席のドアが開いてボウズが降りたようだ。それから金網のフェンスをこじ開けるような音がした。

ボウズはもどってきたらしく、車は再度発進して、すぐにまた停まった。新介も令嬢も降ろされて、目隠しのまま建物の中に連れていかれた。すえた臭いと埃っぽさ、風に鳴る金属製の壁の音から、放置されたままの工事現場跡のプレハブではないかと思えた。そこで後ろ手にロープで縛られて床に転がされた。さらに一本のロープが首から伸びてプレハブの金具に巻き付けるように結わえられた。まるで犬である。おそらく令嬢も同じような目にあっているのだろうと新介は察したが、それ以上に彼女を思いやる余裕はなかった。

やがて、悪党三人の密談が始まった。もちろん、新介と令嬢をどうするか、最大の目的の金品をどう奪取するかについての、これからアトの処理の相談である。

ガタイは、終始、これくらいのことで人殺しまでするのは御免だといいはった。その都度ボウズがガタイの感情の昂りを鎮めている声が聞こえた。

「稼ぎになるったって一千万そこらだろ。それを三等分にしたら、知れたもんじゃないのか。それでコロシはワリに合わねえ」

「極端なことをいっても始まらん。今日一晩くらいなら捜査願いも出ないだろうが、二、三日となるとマズイ。とくに女のほうはそうだ。証拠は残してきていないから、大丈夫だと思うが、ともかく今日中に暗証番号を吐かせて、それからのことはそれからだとしておこう」

と、長髪が「ああっ」と何に思い当たったのか、奇声を発した。

「何だ、どうしたんだ」

と、ボウズ。

「パラソルだ。日傘だよ」

「日傘」

「そのお嬢さん、日傘持っていたよな」

その問いにガタイが黙って頷いた。

「ひょっとしてあの坂に置き忘れたか、放っぽりか」

ボウズが叱るようにいった。

「風で飛んでいったままだ」

長髪が舌打ちした。

「下手こきやがって。ああいうものから足がツクんだ」

「どうしますかね」

「お前行け」

ボウズがどちらかに指示した。

「行って捜して、拾ってこい。死活問題だ。すぐに行け」

キイを受け取ったのは、長髪の方だったようだ。

「あーっもう、貧乏クジじゃん」

と、いいながら出ていった。それからすぐに車のエンジン音が聞こえて、ブレーキとタイヤを軋ませながらそれは走り去った。

「ともかく、女から暗証番号を聞き出す。それ以外に方法はナイ」

ボウズは、一貫して車中で示したのと同じことを主張した。

「野郎のほうは、どうすんだ」

「そいつはアトからでいい。目隠しはとらなくていい。女を坐らせろ」

ボウズの指示で、ガタイが動いた。

「さあ、聞いてのとおりだ。お嬢さん、素直に番号いってもらえるかね」

路上販売の八百屋がホウレンソウでも売ろうとしているかのような、そういう、如何にも優しいコトバ付きから、ボウズの尋問が始まった。

「ここ、何処なのですか」

「そんなことはどうでもいい。俺たちが知りたいのは、カードの番号だけだ」

売り物はホウレンソウではなくなったようだ。有無はいわさないという冷たく尖った口調だ。

「私、何もいいません」

令嬢のほうは、先程の車中と違う返答をした。

「痛い目にあってからというより、きれいなカラダのままですんなり吐いたほうが楽だと思うが、どうだ」

ボウズの冷たい脅しの声がつづく。たぶん、強請《ゆすり》タカリには慣れているに違いない。いったいこいつはどんな仕事をしてきた輩なのだろうか、と新介は耳を欹《そばだ》てながら、腕のロープの痛みに耐えた。

「私、いいませんよ」

令嬢はどういうワケかさらに毅然としている。

「二、三発、くらわそうか」

ガタイの声だ。ずいぶん焦っている様子がワカル。

「じゃあ、アイ・マスク外せ。そのほうが、恐怖感が増すはずだ」

そのアトで平手打ちの音が数回した。新介が驚いたのは、令嬢が泣き声どころか、悲鳴ひとつあげなかったことだ。

「みかけによらずか。ああいうお屋敷のお嬢さんにしては、なかなかの根性だな」

ボウズの声は感心しているのではナイ。やっかいなことになったと、そういっているのである。それは視覚のナイ、いまの新介にもよくワカッタ。

「どうすんだ。下のほうに突っ込んでやっつけちまうか」

「バカヤロウ。そんなことで転ぶタマじゃナイのは、いまの様子でワカッタろ」

「だったら、どうすんだっていってんだ。バカヤロウはナイだろ」

沈黙が、新介においては気味の悪い静寂という感触の時間が、額の汗とともに流れていく。行ったり来たりの足音はボウズのものだろう。考え込んでいるに違いない。やがて、

「なあ、お嬢さん。必ず帰してやる。暗証番号と引き換えに解放してやる。俺たちは何も、あんたの命が欲しいワケじゃナイ。なっ、必要なのは銭だ。こういうことでどうだ。明日、銀行の前であんたは俺たちに暗証番号を教える。そこであんたを解放しよう。交換条件としてはイチバンだろう」

懐柔策に出たようだ。が、しかし、

「信じないわ」

と、令嬢はキッパリ答えた。

「カードで下ろせるのは一日五十万円までよ。二人分を全部下ろすのに、十日はかかるわ。でも、カードを無効にするのは一時間あれば出来るもの。そんなバカな交換条件を利口そう

なあなたがマトモにいうワケないもの」

ここにきて、この令嬢の強《したた》かさはいったい何なのだろう。暗証番号さえいわなければ命の保証はある、と、覚悟を決めたのか。フン、とボウズは鼻でせせら笑ってみせたが、おそらく内心、女の態度に驚いているにチガイナイ。新介も頬を少し緩めて無言で笑ってみた。

「利口なのは、あんたのほうだな。そうなると、俺たちはもうあんたを放棄して、次の獲物に移行するって方法もあるんだぜ。別にあんたじゃなきゃならないって法はナイからな。通帳もカードもクズ同然になるなら、そうするしか仕方がナイ。放棄というのは口封じってことだ。俺は交換条件を出すところまで譲った。ちょっと頭冷やして考えな」

最後通牒というものではナイだろう。そう何度も誘拐、拉致の真似など出来るワケがナイ。しかし、あの冷静だったボウズに焦燥という陰りがみえ始めたのは確かなことのように思えた。とはいえ、それで安念などしてはいられない。

「おい、何処行くんだ」

オロオロとしたガタイの声がして、薄っぺらな金属製の階段を上がる音がした。

「飯だ。まあ一杯やってこっちも落ち着いて考えようか。上に食い物があるから、お前も来な」

というボウズの声にガタイがついていった。この建物には二階があるのだなと新介は了解した。たぶん簡易宿泊施設だろう。工事現場のプレハブだ。食料が準備されてあったことからすると、この場所を根城にする程度の計画性はあったようだ。

新介と令嬢は一階部分で二人きりになった。とはいえ安普請のプレハブのことだから、二階の話し声の内容は聞き取れないまでも、音だけは微かに伝わってくる。

「目隠し、とりましょうか」

と、令嬢が新介に訊ねた。

「それ、手拭いだから、口使って解けると思う」

と、いうなり、令嬢は新介の後部にまわって、口で（正確には歯で）手拭いの結びを解いた。目隠しが緩んで首筋の辺りにぽとりと落ちた。見回すと予想通りのプレハブ小屋だ。令嬢の手足はロープで頑丈に縛られている。もちろん、新介も同様で、これを解くには難渋極まるだろう。とても目隠しの手拭いのようにはいかない。

「あなた、巻き込まれてしまったのね」

と、令嬢がすまなさそうな顔をした。

「いや、そっちこそ、予想しない事件の被害者なんですから」

と、慰めにもならないことを新介はコトバにしたが、だからといってどうすることも出来ないことに、ツマラナイことをいったと後悔した。

「どうなるんでしょうね」

と、令嬢がコトバをこぼした。とはいえ、その表情は不安や恐怖といった類の面相ではなかった。どうなるのかではなく、どうすればイイのかと思案しているような素振りを新介は感じた。しかし、

「どう、なるんですかね」

とだけ、他に新介に答える術はナイ。

「たぶん、私が暗証番号さへいわなければ、諦めると思うの」

と、今度はいたって楽天的なことを彼女は口にした。

「だって、私たちを殺したってなんの得にもならないもの。欲しいのはお金なのだから、私が頑張れば大丈夫よ。私、どんなに殴られても蹴られても、我慢する自信はあるわ」

そういいながら、口辺に緩い笑みさへ浮かべた。彼女がみせるこの余裕のようなものは、何なのだろう。

「しかし、二人とも奴らの顔は観ているじゃないですか」

「でも、まだ犯罪にはなってナイでしょ」

「その辺の法律は詳しくはないですが、そうですね、拉致されただけですからね。でも、拉致って犯罪でしょ」

「私なら、もうここで私たちのことは諦めて次の獲物を狙うわ」

と、令嬢こんどは被害者らしからぬことをいう。よほど度胸があるのか、それとも何か覚悟を決めているのか、新介にはこの令嬢のほうが、彼の三人組より少々不気味に思えた。

「判子、ありがとうね。そのまま持っていて頂戴。解放されたらお礼はするわ。私、身体検査されると思ったのよ。でも、けっこうドジね、あの方たち」

考えてみれば、車中のあの状況で、判子を棄てたとウソがいえる冷静さは、たしかに常人ではナイ。新介はさらに目の前の令嬢に対する興味を強くした。だから、

「おかしな質問だとおもいますが、あなた、どういうお仕事をなさっているんですか。僕はただの引越し屋ですけど」

思い切って、そう訊ねてみた。

「私はね、あの丘陵のお屋敷の家政婦よ」

エッというコトバさへ声にならなかった。新介は息を飲んだ。

「ちょっとワケアリで、外出した直後だったの。あそこん家のお嬢さんでもなんでもナイのヨ。あの三人組はバカでドジね。きっと下調べも殆どやらずに事におよんだんだわ。拙速は巧遅に勝るといったって、それはそのひとの腕次第」

「セッソクは、あっ、はあ。しかし、お嬢さんでナイなら、どうして通帳に判子なんかを」

「ワケアリっていったでしょ」

そういってさらに微笑む目の前の女性に、新介の頭は混乱した。

「あの、そのワケアリのワケを訊いていいですか」

「ちょっと、いますぐにはいえないけど、ごめんなさいね。でも少しなら話せる。あそこのお屋敷のお嬢さんとは高校時代に知り合ったのだけど、私の身内が事故で死んでしまって、身寄りが無くなったので、憐れんで家政婦に雇ってくれたのよ。もう三年近く住み込みで働いているわ。あそこは奥さまとお嬢さんのお二人が住んでいるのよ。旦那さんは金融関係と貿易のほうの仕事をしていたのだけど、それがね実をいうと、先物取引で大損をしてあのお屋敷は抵当に入っているのよ。世の中なんて見掛けだけじゃ何にもワカラナイものよ。旦那さんは蒸発。この三ヵ月は姿をみていないわ。借金も億単位でずいぶんあるみたい。そこへきて、奥さまはご病気で車椅子の生活だし、お嬢さんは乳母日傘のひとだから働くなんて出来ないし。奥さまとお嬢さんの通帳に残っているお金が全財産。もちろん借金は払いきれないらしいんだけど、払う気もナイみたい。だって旦那さんが勝手にこさえた借金なんですものね。だから、あの通帳の預金は内緒のものなのよ」

「それで、暗証番号をかたくなに拒んだんですか」

「そう。お嬢さんになりすましてね。ふふ」

とはいえ、眼前の彼女のみせる薄笑いは、何が可笑しいのだろうか。無頼漢を欺いたことがオモシロイのだろうか。新介には見当もつかない。

そもそも、その最後の財産である預金通帳を、彼女が二通とも持って外出したということはどういうことなのだろうか。

「銀行にお出かけのところだったのですか」

新介は当然の質問をした。

「でもナイのだけど、ねえ」

と、いったままココロここに在らずといったふうに、女のほうは目が虚ろになったが、新介がさらに何かいおうとするや、縄で足を縛られたままに身を起こして、立ち上がった。そうして、割れ窓から外を、背伸びするように観て、

「ここ、どこかしら」

いきなり目が覚めたかのように新介に質した。

「たぶん、バブル時代のリゾートマンションの塩漬けですよ。おそらく、杭打ちとセメントで基礎を固めたあたりで予算がなくなったんでしょう。そのままにしてあるんです。銀行の抵当にでも入っているんでしょうけど、今さら売れるような土地でもないし。こんなふうな物件、いや物件ともいえないシロモノは、そこいらじゅうにありますよ」

新介は、尻を床についたままの姿勢で、そう答えた。

「何でそんなこと知っているの」

と女はいった。

「引越し屋ですから、そういう風景は搬送運転中によくみかけるんです」

「街からは遠いのかしら」

「さほど遠くもナシ、かといってそんな近くでもないでしょう」

女は縛られたままの格好で、ぴょんぴょんと両足で飛ぶと、窓に近づいて外を観た。

「ああ、あれが土台の基礎工事の跡ね」

ふいに新介の脳裏に、このままこの辺りに埋めてしまわれるのではないかという、根拠はナイが実現性は濃厚な不安が過った。

「あの辺りに棄てられちゃったら、野晒しね」

と、新介のその妄想を見透かしたように女がいう。

しかし、すぐそのアトに、

「でも、大丈夫だと思うわ。私、絶対にカードの番号いわないから」

と、呑気なことを付け足した。

「金が奪えないのなら、放ったらかしにされて、奴らは逃げるでしょうね。悔しいわね。何か懲らしめることが出来るといいのに」

縄で頑丈に括られた状況で、無茶なことをいう。

「ああ、縄が痛い。何だか手も足も痺れてきちゃって。この縄、何とかしなきゃ、腕がもたないわ。縛るほうならお得意なんだけどね。縄っていうのは、出鱈目に縛られると簡単に解けないのよ。けど、何とかね」

とはいえ、何ともならないだろう。

しかし、女は本気で何とかするつもりらしい。部屋の天井から床の上、隅々まで舐めるように見回して、縄を切断することが可能なものはナイか物色しているようだった。

「ここ、いわゆるあれでしょ、飯場なんでしょ。だったら、台所に庖丁の忘れ物とかナイかしらね」

「いやあ、飯はここでは作ってナイでしょう。たぶん、給食センターから運ばれていたんだと思いますよ」

いわゆる日雇い肉体労働者が暮らしていた飯場とは、様相が違う。新介もかつて、アルバイトでそういう飯場を経験したことがあるが、そこも賄いの女性が辞めてしまうと、食事は業者の配送になった。

「窓はほんもののガラスじゃないのね」

と、女が割れた窓に目を近づけていった。こういうプレハブの窓はプラスチック製という相場になっている。

「切れるものはナイのか。切れるもの、あっ」

と、女は少々大きめの声を発すると、その声を聞かれやしなかったかと、二階のほうを穿って観た。二階は相変わらず時折物音と聞き取れない会話をしているだけだ。アルコールもあるのだろう。そういうところだけは計画的なのだ。

「切れるものでなくてもいいんだ」

と、女は新介ににじり寄って来た。

「な、何ですか」

「あのさ、あなた、煙草やる」

「いいえ、吸わないですが」

「何だそうか。私のライターも煙草もバッグの中だしなあ。ちぇっ」

「ひょっとしてライターが要るのですか」

ここにきて、新介も女が何に気づいて大きな声を発したのかを察した。

「そうよ、あるの」

「ええ、あります」

「何であるのよ」

「引越し屋の隠し道具ですよ。ナイロン製の荷造り紐を切る時には、カッターナイフよりも、ライターでチリリッと焼いたほうが便利なときがあるんです。というか、安全なんですよ。しかし、ライターは火のものですから一応禁止されているんですけど」

「それ、何処にある」

「上着の裏ポケットにあります。何でいまそれを持っているかというと」

「いいわよ、そんな能書きは」

女は縛られたままの手を器用に動かして、新介が身に着けている軽い素材の上着裏ポケットから新品の百円ライターを取り出すことに成功した。

「OK。ヤったぁ」

「新品なんです。いままで使っていたのが丁度キレちゃって、今朝コンビニで買ったばかりなんです」

「あら、そう。運が良かったわね」

運、そうだ、運だ。運のことを車中でも考えたな、と、新介は思い出した。

「窓のほうに行きましょ。煙が二階に上がるとヤバイから」

二人は出来るだけ割れ窓に近づいた。

「指先は動くわよね。ライターの火は付けられるでしょ。まず、私の手首のロープを焼き切って頂戴。私の手が自由になれば、アトは何とかなるわ。この鬱陶しい首のロープも、ちくしょう、いずれあいつらの首に巻き付けてやるんだ」

新介は女が火傷するのではないかと心配したが、その不安を見抜いたように、女は新介をみた。

「あら、火傷のこと心配してくれているの。大丈夫。私の手のことは心配しなくていいから。多少の熱さなんかはプレイされているときよりマシよ。あなた、引越し屋の名にかけて、このロープを切ればいいという決意と覚悟を選んでやって頂戴。デタラメに焼いていちゃダメよ」

決意と覚悟に加えて女は安全な切断の方法の説明までした。なるほど、アトは引越し屋の名にかけてか。何重にも複雑に巻き付けられたロープのどの一本を切れば効率よく解けるか。それは引越し屋の領分というものだろう。

新介はまず、ロープの結びを観察して確認すると、後ろ向きになって令嬢ににじり寄り、背中合わせのスタイルになって、ライターを着火した。炎の大きさは最大だ。新品だから勢いがいい。ジジジ、ジリジリ、という音がして縄が燻る煙が出たが、大きく息を吹いて、おそらく気持ちだけだろうが煙を窓の外に出した。

一本目のロープに火が着くと、そのまま二本目のロープも燃えだした。あまり燃えるのも二階にばれるおそれがあるし、女にとってはいくら我慢しても熱いに違いナイだろう。そう思って新介は慎重に、火の燃え方を調節した。そうやって三本目が切れたあたりで、女を後ろ手に縛っていたロープが解けそうな気配がした。

「うん、なんとかなりそう。ライターはそれくらいでいいわ。アトは緩めていけばイケそうよ」

と、この時である。二階でケータイの着信音が鳴った。新介にも女にも一瞬緊張感が走ったが、女はすぐにロープのほうに神経を集中した。二階の電話は先程パラソルを捜索に出た長髪からららしい。ボウズの声が唯一ハッキリと「警察だとぉっ」と聞こえた。よほど大きな声を出したに違いない。警察がどうしたのだろうか。新介がそのようなことを思案しているうちに、女はロープを解いてしまっていた。

「これで自由になったわ。あなたの手のロープも解いてあげるから待っていて。あっと、その前にこの首のロープを解くわ」

女は驚くほど手際よく、自分の首のロープと、新介の後ろ手のロープを解いた。

「足と首は自分で解いてね」

いわれるまでもなく、新介はそうした。

「さすが引越し屋さんね。ロープの扱いは慣れたものね」

と、女にいわれたが、新介はそれほど自分がロープの扱いに慣れているとは思えなかった。それよりも女のほうの手際に感心した。手の縄を解く手際がマジシャンのようだった。

「吃驚《びっくり》しているんでしょ。しょうがないわよね。門前の小僧というワケでもナイけど、私の父親は、バクシ、バクシなの」

バクシ、というコトバが何を意味しているのか新介にはよくワカラナカッタが、なんとはなく女のコトバとその所作には、裏稼業の渡世者の持つ特有のヤクザな臭いを嗅いだ。というより、記憶の中にそんな光景が蘇ったといったほうが正しい。そういう関係者の引越しをやったことがあるからだ。決まりの引越し料金より高額の、お礼という取っ払い現金を受け取ったことがあるのだ。

「あなた、この場所、だいたいどの辺かワカル」

ふいに新介に現実がもどってきた。どうも、女のほうを黙ったまま凝視していたようだ。

「あっ、ええ、まあたいてい、はい」

「じゃあ、早いところトンズラしましょう。何だか、想定外のことが起こったみたいで、三人組は慌てふためいているみたいだから、いまのうちよ」

女は二階を観ながら、そういった。〈女は〉だ。もうその女性を令嬢と呼称できる気持ちは新介にはなかった。

二人は足音を殺しながら、プレハブの扉を開けた。錠をおろしていないのは、もともと錠前が壊れているのか、二人を縛りつけたので必要ナシとしたのか、ともかく扉は開いた。しかし、女の歩みが止まった。

「待てよ。やっぱりちょっとマズイかな」

んっ、女の呟き、独り言はハッキリ聞き取れたが、何をいおうとしているのかまでは、新介にはさっぱりワカラナイ。ちょっとマズイとは何のことなのだろう。

「あなた、ひとりで逃げられるかしら」

また、ワカラナイことを女がいった。

「そんなこと出来ませんよ」

女は新介を凝《じ》っと鋭い目でみつめた。それから、何かに考えが至ったのだろう、「うん、そうね」と独り、また呟いた。

「危ない橋だけど、渡り始めたんだから、しょうがナイか。生きていると起こるべきことは必ず起こるものよ。Que Sera, Seraよ。〈なるようになる〉は、ヒッチコックの映画『知りすぎていた男』でドリス・デイの歌ったものを、ペギー葉山の歌に訳したときの誤訳。起こるべきことは起こるべくして起こるというのが、ほんとうの意味。ハンフリー・ボガート、エヴァ・ガードナーの共演映画『裸足の伯爵夫人』に出てくるわ」

かなり難しいことを聞かされたような気がした。で、具体的に何をどうしようというのだろう。

「あなた、名前は」

「新介ですが」

「新介さん、ちょっと手伝ってもらえるわね」

それはコトバの強さを推し量れば命令形に近かった。職場でのそういうコトバは、mission や command を意味するのが常だ。

「ナニ、するんですか」

「人殺しなのだけど」

えらくタイヘンなことをカンタンにいわれたので、新介は声も出ない。

「お返事は」

「ええ、やります」

語調は優しかったが、断れそうになかった。新介も、最もカンタンに返事した。

誰を殺すのか、は、決まっている。自分たちを拉致した三人組だ。しかし、何故殺すのかは、ワカラナイ。単純な意趣返しにしては度が過ぎている。ここで逃げることも出来たろうけど、この女をどうしても放っておけないのは正義感というものではナイ。人殺しをしようという誘いを受けたのだから。しかし、それがこの場合イチバン正しい判断のような、いま、前に立っている女の様相を観ていると、そういう気がした。

とはいえ、夢か現《うつつ》か、頭の中が錯綜していることも、新介にとって事実だった。

たしかに想定外のことは起こったのである。

長髪がパラソルを捜しにもどった時には、かの令嬢（実は家政婦）の出てきた邸の前に一台、パトカーが停車していた。警官が数人、出入りして、なおもサイレンの音が聞こえることを考えると応援を呼んだに違いない。長髪は慌てた。こんなに早く足がつくとは思ってもみなかった。

「すぐに戻って来い」

というケータイでのボウズの指令だったが、何も律儀に帰ることはナイ。と、長髪は身勝手に判断すると、車を乗り捨てて、黄昏の駅前の雑踏に紛れた。まだ何にも、してやしねえ。攫《さら》っただけだ。それが刑法上どの程度の罰則なのかは知らないが、しかし、それは捕まった場合だ。逃げるが勝ちだ。冗談じゃねえ。と、モゴモゴ口の中で同じ文句を繰り返しながら。

ボウズとガタイが一階に降りた時、裳抜けの殻とはよくいったもので、埃の舞い上がるプレハブの廃屋が、ロープの束を残して呆感《ポカン》と虚ろな空間をみせているだけになっていた。ボウズは焼き切られたロープをわしづかみにすると、それを床に叩きつけた。

「おい、どうなるんだ」

と、ガタイが悲鳴に近い声をあげた。

「慌てんな。どういう経緯でサツが出場って来たのかはワカラナイが、俺たちはあの二人以外には顔をみられちゃいない。この臭いは、ロープをライターか何かで焼き切ったに違いない。焦げた臭いがまだ残っているところをみると、そう遠くにはまだ逃げちゃいない。とりあえずヒッ捕まえて、口を塞ぐしかしょうがない」

ボウズは意を決したようにいうと、唾を吐き捨てた。

「追っかけるのか。追いつけるのかよ」

ボウズは、取り乱しているガタイの質問には答えないで、さっさとプレハブから離れると、工事現場のゴミ捨て場辺りへ駆け足で向かった。ボロ布を被せた大ゴミの山のようなものがある。ボウズがボロ布をはがすと、軽乗用車が出てきた。

「ここで車を乗り継ぐ予定だったんだ。ガタガタいってないで、腹くくれ」

ボウズはまた唾を吐いた。さっきより強く。

4

利己主義者、自己肯定しか出来ない者、自愛の強いもの、いわゆるエゴイストと呼ばれる類の者ほど猜疑心が強いし、急場で追い詰められた場合にいたって小心な本性が現れる。長髪の彼も同様のタイプだったらしい。あの車中でみせた不敵な態度とは打って変わって、自分が目的もなく雑踏を歩いていることに逡巡していた。乗り捨てた車から足がつくことはナイだろうか。何か証拠になるものを残して（忘れて）はきやしなかったろうかという心配まで
もが鎌首を持ち上げた。

ともかく、顔をみられたワケではナイのだから大丈夫なはずだと自問自答して、あの長い坂の拉致現場にいつの間にか足が向いた。犯人が現場に再度現れるという心理は、長髪に対しても例外ではなかったようだ。

現場にはパトカーが二台と救急車が停まっていた。

救急車とはどういうことだ。長髪は首を傾げた。

近所の住民らしい野次馬に、つくれるだけの素知らぬ顔で、

「何があったのですか」

訊ねてみた。

「さあ、よくワカランが、首吊り自殺とかいっているね」

善良な市民が答えた。

首吊り自殺、それ、何のことだ。と思案している間に救急車が走り去った。

もうパラソル捜しどころの話ではナイ。ともかく電話をしてみるか。そう考えて、ボウズのケータイの電話番号を押してみた。ところが、呼び出し音がしばらくして、留守電に切り替わった。何だ、どうしたのだ。こっちもあっちも、ワカラナイことばかりじゃないか。ともかく車にもどろう。もう一度証拠を残していないか確かめておかねば。と、長髪は足早に乗り捨てた車へ向かった。


トランクを開ける。積んできたロープはあの工事現場跡地ですべておろした。他には特に自分たちが載せたものはナイ。車中も調べたが、バッグも拉致した二人のケータイもプレハブ小屋におろした。おそらくやたらと指紋はついているだろうがいちいち拭き取っている余裕はナイ。指紋が出てきたところで自分にはマエ（前科）がナイから安心なはずだ。

しかし、ボウズは何故電話に出ないのだ。再度ケータイをプッシュする。やはり留守電になってしまう。ひょっとして出し抜かれたか。あの女から暗証番号を聞き出して、ガタイと二人してトンズラしやがったのでは。疑心暗鬼が募る。

戻ってみるか。

首吊り自殺なんて、どうせ関係のナイことだからな。冷たい汗をかきながら、そこまで考えると、長髪は一度乗り捨てた車のイグニッションキーを入れた。

5

鉄パイプの一振りが後頭部を直撃して、ガタイが頭を押さえ込んで跪いた。さらに二発目三発目、ガタイは唸ったまま動かなくなった。新介は、ガタイの足から例のナイフを取ると、今しも後ろからロープで首を閉められてもがいているボウズの太股にそれを突きたてた。ボウズのカラダが崩れた。彼女はなおもその首を閉めている。ボウズが口から泡を吹いた。新介は、ナイフを抜くと、今度は腕を斬りつけた。首にまわされたロープを外そうと抵抗していたボウズの腕がだらりと下がり、ボウズも地べたに倒れた。

まさか、死んではいないだろう。死なない程度に刺して斬った。首だって所詮は女の力だ。気絶しているだけに違いない。

こんな瞬間、こんな状況が来るとは思っていなかった。あのプレハブでロープを解くと、彼女は新介に耳打ちした。

「あそこの廃材捨て場に隠れるのよ。たぶん、あのボロ布で覆われているのは逃走用の軽自動車よ。私、さっき窓からよく観察したのよ。あいつら私たちが逃げたと思って追ってくるわ。そのときがあいつらの油断よ。いい、よく聴くのよ、私は軽自動車の後部座席に忍び込んでおく。ボウズ頭の男が運転席に乗り込むでしょう。大きいほうの男はたぶん、ええ、逡巡するわ。その一瞬を見逃さないで。そこがチャンス。私はボウズ頭のほうをロープで何とかする。新介さんは、廃材の中から鉄パイプを捜して、それを握って車の陰に待機。大きいのを後ろから、この辺りの後頭部を横に払うように殴りなさい。上からはダメ。背中にアタルかも知れないから、だから耳よ、耳。そこを目印に横に殴るの。ワカッタよね」

女はそういってロープを一本手にすると外に飛び出した。新介もアトに続いて廃材捨て場から、ちょうどいい鉄筋パイプの端材を手にすると、廃材の積まれた現場の片隅に身を隠した。案の定、ボウズとガタイは現れた。

それから、こうなったのだが。

彼女は余裕綽々、プレハブに引き返すと通帳の入ったバッグを捜し出し（といっても二階に無造作に置かれていただけだが）確認して、さあ行きましょうと、新介を軽自動車の運転席に坐らせて、ボウズのポケットから引き抜いたキイを渡した。

新介は車のエンジンをかけると、

「何処へ行けばいいんですか」

と訊いた。

「バカね。逃げればいいのよ」

なるほど、間抜けな質問だったなと、新介はまったくの彼女のペースにいささかドキマギしていたのである。

途中、山道を過ぎる辺りでダーク・レッドのセダンとすれ違った。新介は車窓からチラっとそっちを覗いたが、あの長髪が青ざめた顔で（たぶん、そんな顔であったろうと新介には思えた）ハンドルを繰っていた。いったい、あの工事現場に着いたらどんな顔をするだろうか。

新介は初めて、口辺に笑みを浮かべた。

「あの、警察に通報しますか」

車道に出ると、おそるおそる（何故、そんなに卑屈になっているのか新介も不思議だったが）訊いてみた。

「そんな必要、何処にあるの。私たちは拉致されて殺されそうになったのよ。あいつらはこれに懲りてしばらく悪事はしないでしょうよ。たぶん死んじゃいないと思うけど、大きいほうはワカラナイけど、あのボウズ頭のほうは脳のほうに障害が残ると思うわ。そういう締め方をしたから」

と、案の定、いや、それ以上の答えが返ってきた。

「じゃあ、いまからお屋敷のほうに帰りますか」

「えっ、あの坂の上の家のことをいっているの」

「はい、そうですが」

「それが、ちょっとワケアリで、帰るに帰れないのよねえ。何処か適当なところで降ろしてくれればいいわよ。それとも晩御飯でも食べていく。まだちょっとディナーには早いけど」

ワケアリって何だ。と新介は妙な気がしたが、あまり深く考え込まないことにした。この女性は最初の印象とはだいぶんに違って、極めて行動的だ。ともかく助かったのだから、万々歳というところだ。安穏、安穏。

とはいえ、あの長髪からと思える報せの着信は何だったのだろう。ボウズが驚き、長髪が泡を食って帰ってきた理由は奈辺にあるのだろうか。

「高速道路の近辺に、バス停があるでしょ。高速バスの停留所。出来ればそこで降ろしてもらえるとありがたいわ。アトはバスにするから」

「高速バスで何処へ行くのですか」

銀行に行くワケはナイよな、と新介は心胆おぼつかない。

「来るバスに乗って、何処か」

それって、通帳はどうなるのだ。

「あっ、そうだ。あなたに預けた判子、返してもらえるかしら」

そうそう、それがあったな。新介はズボンの後ろポケットから二本の銀行印を掴みだすと、彼女の手に渡した。

「あのね、たぶん、明日の新聞に出ると思うけど驚かないでね」

彼女は判子をバッグに入れると、ひとつ大きな息を吐いて、真っ直ぐ前を向いたままで新介にいった。

「お嬢さまと奥さまは死んだの」

「ええっ」

「まだよ。まだ驚いちゃダメ」

「し、しかし」

「しかしも三角もナイの。これから私のいうことをよく聞いてね。信じるか信じないかは勝手だけど。今日、ブランチをすまして、いつもと何の変わりもなく、お二人とも普通だったわ。それから私に銀行に行くようにと、おっしゃった。私はカードを持たされて、ひどく少額のお金を引き出しに出掛けたの。こんな少額のお金、どうするんだろうと奇妙な気がしたのだけど、あれは時間稼ぎだったのね。戻ってみるとリビングのテーブルの上に、通帳が二通と銀行印と、書き置きがあった。これが我が家の全財産ですと書かれてあった。長い間のお勤めご苦労でした。あなたへの退職金です、とそのアトに書いてあったわ。それからサヨウナラと書いてあったわ。それと、洋服が一式、そうしてパラソル。お嬢様の直筆で、／良かったらどうぞ／と書かれてあったわ。お二人は柱に並んでぶら下がっていらした。私は通帳の類は頂戴した。そうして、お嬢様の形見の洋服に着替えてパラソルを手にした。私へのお嬢様の書き置きは鞄に仕舞い込んだけど、他の書き置きはそのままにしておいた。そうそう、そんなことをする前に、二人の生死を確かめたわ。素人の首吊りは、たいてい自殺の手段として致死率は百パーセントだけど、首の縄のかけ方によっては、失敗することもあるのよ。ひょっとしてというか、そう願って確かめてみたら、母親もお嬢様も縛り方が下手くそで、というかマチガッテいて、まだ何とかなりそうだった。それで、より安全に縄を縛り直して、何とか上顎で支えられるようにしてきたの。首が伸びきらないようにロープの掛け方を工夫して縛り直してきたの。だから、命は取り留めると思うわ」

「そんなことが、出来るのですか」

たしかに、新介には信じがたいことだった。

「お母さんのほうも、お嬢様も幸い和装だったから、あたかも裾の乱れを気にして膝を縛ったかのようにして、その縄を首のほうにまわして、縛りなおして吊りなおしたの。体重の分散で、首に重さが殆どかからないようにしてみたのよ」

そういう専門的な縄の縛り方が出来る職種の者が世の中には存在する、ということは聞いたことがあった。引越しの際にも重い荷物を運び降ろすときは、ロープの縛り方に一定の工夫がなされる。新介はそこで初めて「バクシ」が「縛師」だということに気がついた。

次の日、新介は無断欠勤のことでひどく主任から叱られた。そのせいではなかったが、新介は辞表を出すと、そのまま引越しセンターの裏口から雑草の繁る土の上にひょいと飛び出た。

あの女が最初に銀行からカードで降ろしてきたという、いわゆる少額の紙幣、五万円が新介のポケットの中にあった。女は妙なことに巻き込んだ謝罪だといった。その女は何処へ行ったのか定かでナイ。会社に来る坂道のある邸には、黄色いテープで囲いがしてあったが、新介はそれを横目で観ただけだった。

ロープのことにやけに詳しいあの女のいったことが、ほんとうなのかウソなのか、新介にはもうどうでもよかった。ただ、生きていて幸い、それだけが新介の思いの底にあった。ましてやあの三悪党の末路などまったく関知することではなかった。ただ、この坂道を毎日通勤することだけは御免こうむりたいと、それだけが退社の理由だった。

解説

岡野宏文

なんで人生なんてものがあるのか誰も知らない。人生なんてただそこにあるだけなんだ。宇宙ってやつがただそこにあるだけなんで、人生もただそこにあるだけで仕方ないのだけれど、それを仕方ないと思えないヒトの脳の進化の責任を誰が取ってくれるのさって話。

坂口安吾が人生などなければ人間はもっと楽なのに、と言ったわけだけど、それはたぶん体験と記憶の集積って意味あいで、いま自分がここにいるって考えただけで私は胸苦しくなることさえあり、脳は人生を何とかしようと儚く悪戦苦闘してしまう。

そうやってヒトはつい家を建てたり、映画を発明したり、結婚したり、戯曲を書いたりしてしまう。

ヒトの脳は、宇宙にあるたったひとつの反自然だと思う。

というわけで解説をします。

本書、序文にあるとおり、巻頭の戯曲作品『夫婦《めおと》パラダイス　～街の灯はそこに～』は、織田作之助の小説『夫婦《めおと》善哉』と、川島雄三監督の映画『洲崎パラダイス』を遠近《おちこち》に透かして組み立てられている。

これら二つの作についてちょっと説明しよう。

『夫婦善哉』。大正時代である。大阪法善寺横町あたり。人気芸者の蝶子は小間物問屋の大《おお》店《だな》から勘当された柳吉と出会う。蝶子はたいしたしっかり者で、反して柳吉は蝶子がやっと貯めた貯金をちゃっかり放蕩に使っちゃったりする、つまりとことんのダメ男。生家の妹が養子を迎えたから当てにしていた財産相続も泡まじり、二人はあちこち放浪の形に近く、そんな折り、柳吉が突然腎臓結石に襲われ、暮らしのために蝶子が芸者に返り咲くとこれが覚えが高い。紆余曲折ありながら、明るくたくましい蝶子と性根なしの柳吉は、どうやっても惹かれ合あわずにおられず、このけったいな二人組を、腐れ縁とはちょっと違う、滋味に富んだ関わり合いに描いてあるのが織田作之助の力量。

ネット上の「青空文庫」で『夫婦善哉』が読めるのはまことに甘露にして、果報につきると言える。笑いどころふんだん。

さて、『洲崎パラダイス』の方だ。

「洲崎」とは、東京江東区東陽の旧地名。たぶん昭和三十一〜三十二年頃。「洲崎パラダイス」はその頃ここにあった大歓楽街にして遊郭を指す。

男女のさまざまな思惑があるかあらぬか乱れ粘ったであろう不夜城を、パラダイスとはいかにも皮肉な名付けと私には思われるが、むかし北海道に「幸福」という駅があり、「幸福」と印された入場券を手に入れるという幼稚なブームがあったものだが、私にはこの名のむこうに、開拓民の血の汗がにじんだ荒野が仄に見え、駅の名や街の名は、手の届かぬ祈りが込められているものだから、たとえば横浜の、きらびやかな「みなとみらい」を京浜東北線一本挟んだ反対側、なにやら暗い歴史の暗雲の漂う地区には、黄金町、長者町、福富町、寿町など、反して、かつて住まいした人々の腹にうごめいていた狂おしさがかえって嗅ぎ取れる気がせずにいられない。

ちなみに、黒澤明の映画『天国と地獄』で、犯人の潜伏するのがこの黄金町に巣食う魔窟である。

閑話休題。

駆け落ち同然にその日の生活もままならぬまま、隅田川にかかる勝鬨橋にたどり着いた義治と蔦枝の夫婦は、やけくそのようにバスに飛び乗り、洲崎川を挟んだ赤線地帯「洲崎パラダイス」の門前に佇むことになる。「橋を渡ったら、昔のおまえに逆戻りじゃないか」と義治が娼婦出の蔦枝に自らまでを諌めるように語ったのを受け、何でもいいから橋のこっち側で仕事を手に入れようと、蔦枝は橋のたもとの小さな居酒屋に、義治は少し離れた蕎麦屋「だまされ屋」に、どうにか住み込んだ。だが、離ればなれになったため、蔦枝はいつか成金のラジオ商落合に気持ちが弾み、囲い者のごとき身となって去る。

『夫婦善哉』に続き、生活力のないくせに猜疑心と嫉妬だけはたんまりと抱えた義治はやっぱりのダメ男で、さまざまに苦悩したあげく、どうにか仕事になじんだ頃、結局は矢も楯もたまらずに、元の鞘にと帰ってきた蔦枝と、ある事件をきっかけに連れだって洲崎を飛び出し、再び勝鬨橋の上で途方に暮れるなか、あてどもなくバスを追いかける二人の背中の絵で、切なく銀幕もハネる。

実生活でなら、なにをやってもテンからフイにしてしまうダメ男なる生き物に、できれば邂逅の誉れを浴したくない限りであるが、こと小説や映画の中でなら、こんな面白い物語はそうはあるまい。『坊ちゃん』、『伊豆の踊子』、『鍵』、実にいとしい書を読まんとしてなんとする。

さて、人物名一覧をうかがえば、『夫婦善哉』にちなんだそれらの名前のほかにも、二作のエピソードから漉《す》き込まれた綾目について、本文を読まれたなら思い当たるのではなかろうか。

たとえば、作中、柳吉が羅臼《らうす》昆布を煮立てるシーンがある。これは小説『夫婦善哉』の中で、同様の所作をする柳吉の長ゼリフにちなんでいて、この男生まれつき舌がたいそう肥えていて、小器用のうえ凝り性だから、料理の腕と来たら飛びきりだものだから、思いつきで関東炊き店を起こしひどく繁盛するものの、すぐ飽きてほっぽり出してしまう、なんてエピソードも原作にはある。

蔦枝の働く居酒屋の女将の、行方不明だった旦那が突然帰ってくるシチュエーションだと、『洲崎パラダイス』の方から取られており、戯曲中ではこれが河童の化け物として帰宅する形にねじ曲げられて、同様に前後の時間軸もねじれる趣向に置かれ、まあ、ちょっとしたホラーファンタジー。

おそらく、蕎麦屋の下働き静子が、女将の亭主藤吉に犯されそうになり、争いの弾みで藤吉を殺害してしまった、というあたりが「本当にあったこと」と憶測できる。そこから湧き出てくるのが、一連の悪夢、というわけだ。

いかにも悪夢らしく、不条理なありさまでヌルッと侵入してくるこの河童は、ひどく怪しくかつ魅力的な手ざわりを私たちに与えるが、十中八九空想の生き物であるこいつの正体についいて、作中では水神つまり河の神様と語られるに対し、実は水死した子供であるとも伝承にはある。水死体と果てた子供の、ブヨブヨとした皮膚感覚が結びついたものらしい。水死した子供が河童へと変化《へんげ》し、水遊びする元気な子供たちを怨み、「尻子玉《しりこだま》」なる臓器を抜き取って殺すと巷間には伝わる。想像するに、突然罪もない我が子を理由もなく奪われた親が、その解決のしようもない悲しみと苦しみを、妖怪に連れて行かれたと解釈して、少しでも和らげようとした悲劇の産物だったのではなかろうか。

『夫婦パラダイス』は、死の戯曲でもあるのだ。


『縛師の娘』。

イギリスの女性ミステリ作家に、希代の悪王リチャード三世は本当に悪人だったのか、退屈な入院生活の中、文献だけを頼りにひとりの警部が推理していく『時の娘』というきわめてスリリングな読み物があるが、こちらは『縛師の娘』。

「縛師」ってなんじゃい。

どうやら、縛る人らしい。なにを縛るかというと、女性らしい。

廣木隆一監督というお方が撮ったドキュメンタリー映画に『縛師 Bakushi』というのがある様子で、しかし不肖この方面にはなはだ不調法にて、よく飲み込めないのだが、縛ると言えば梱包することで、梱包と言えば現代芸術ではないか、などという情けないところに落ち着いたのである。

実際、プロの領域に達すると、それらの行いは芸術と称されることもあるやなしやと仄聞する。

で、その縛師を父に持つ女性が活躍する作品なのは、もはや理解されているだろう。

この作の面白みは、その人物だけが隠し持っている特殊なテクニックが、あたかもマジックでも見るように突如出現し、颯爽と発揮され、あわやという危機を次々脱していくからくりにある。

この種の物語には、多くの基本形と変奏があり、言ってみれば「古事記」において、恐ろしい死屍と変わり果てた妻イザナミをイザナギが黄泉の国に訪れ、恐怖のあまり逃げ帰ろうとするのを、イザナミが追いすがってくるので、最初に髪飾りを、次に櫛の歯を投げ、体の後ろで剣を振り、それから三つの桃の実を投げつけてから巨大な岩で黄泉の国の入り口を塞いだ、という逸話にまで遡れるのではないか、というのが私の邪推だ。

ここで見逃してはならないのは、イザナギが使った道具と所作には、呪術的な意味合いが込められており、同様に、新介が焼き切るのは女を戒めた縄であると同時に、三人の暴漢によって二人のまわりに暴力的に張り巡らされた、暴力の縄を少しずつ断ち切っていく象徴的な行動でもあったということだ。

また、女が繰り出す技の一つ一つが、親から受け取った単なる知識ではなく、いかにも体感的な作法に感じられるのは、かすかな叙述で見逃しがちではあるものの、彼女自身がどうやら梱包される体験を日常に持続していたらしいためで、梱包するプロにはそれなりの特殊なコツがあるのであり、される側にもまたそれに応じたコツがあるに違いないからである。

いわくつきのと書かれているこの女の背景が全くもって不透明にして、「の娘」と叙述されているにもかかわらず、どうにも親に繫がる影は消されていて、その言動を探っても、世界とからむ関係のごとき足跡のない天涯孤独の個体に感じざるをえないのがまことに不可思議である。

物語の終演後、さて、この女がいずこへ去ったか、存外に気にかかる。

（おかの・ひろふみ／書評家）

『夫婦《めおと》パラダイス　～街の灯《ひ》はそこに～』　二〇二四年一月　執筆（シス・カンパニーへの書き下ろし）

『縛師《ばくし》の娘』　二〇二四年一月　改稿書き下ろし

万平ＢＯＫＳ発刊に際して

一冊必読人に寄す

真理が万人によって求められることを自ら欲するごとく、狂気もまた万人によって愛されることを自ら望み、かくして正統に至る道標となるべく生まれてきた。

表現のあらゆる形態、〈音楽〉〈書画〉〈舞踏〉〈演劇〉〈文学〉などは、遠く我等祖先が、氷河期に穴居して、吹き荒れる嵐の中のあらゆる悪理、擬制、権力、暴力、恐怖、魔怪と闘わんがために、住処の暗闇の中に焚いた燃ゆる炎を囲んで、持てる微力を遥か宇宙の果てに届くまで、創造と想像、空想と発想によって膨張拡大せしめ、自らも燈明と心得おきて手に入れた、ヒトの持つ誇るべき「お宝」である。

鑑みれば、この「お宝」はいま、消滅、灰塵、忘却の危機に瀕しているといってけして大袈裟な嘆きではない。いまやこの「お宝」を悪銭の時代から奪い返すことは覚醒せる隣近所の切実なる要求である。捲土重来、如何にして成らんや。

もしいま我々が微力であるならば、いま一度祖先の如く洞穴の炎を囲み、微力とはけして無力ではナイということを、ココロに刻まれたゲノムの記憶に求めねばならない。

世界が戦争、飢餓、殺戮、暴動、さらに自然からの復讐の如き驚異に晒され、世間が義理人情をなくし、殺伐とした朝にうなされて目を覚まし、悪夢の夜をむかえねばならない今日、ポケットに入れた、ただ一冊、ポーチに仕舞いし、ただ一冊の読書はその悪霊と闘う力となると信ずるは愚かなる夢であろうか。そは毅然と死に立ち向かい、仁もって争闘する力と等しさを同じくするや否や。

おうよ、往くべき逝きもせよ。我等こそは風に吹かれる花一輪、ならば伝えよその姿を。

小説、随筆、戯曲、詩歌、詞謡、評論、文芸、哲学、社会科学に自然科学、もってけドロンジョン万次郎ならぬ、万平BOKS。

携帯に便にして価格ほどほど、その内容と外観のセンスをもって力を尽くし、芸術を好み知識を求むる士の自ら進んでその掌に握し、希望ひとつを胸にして、迎えられることこそ吾人の熱望するところである。

その性質上経済的には最も困難多きこの事業にあえて当たらんとする吾人の志を諒として、その達成のため一冊必読人とのうるわしき共鳴あらんことを切に願う。

二〇二三年十月

北村 想

著者｜北村 想（きたむら・そう）

劇作家・演出家・小説家。1952年生まれ。滋賀県出身。1979年に発表した『寿歌』は、1980年代以降の日本の小劇場演劇に大きな影響を与えた。1984年『十一人の少年』で第28回岸田國士戯曲賞、1990年『雪をわたって…第二稿・月のあかるさ』で第24回紀伊國屋演劇賞個人賞、1997年ラジオ・ドラマ『ケンジ・地球ステーションの旅』で第34回ギャラクシー賞、2014年『グッドバイ』で第17回鶴屋南北戯曲賞を受賞。現在までの執筆戯曲は200曲をこえる。また、小説『怪人二十面相・伝』は、『K-20 怪人二十面相・伝』として映画化されるなど、戯曲だけでなく、小説、童話、エッセイ、シナリオ、ラジオドラマ、コラムなど、多才な創作を続けている。現在は、主にシス・カンパニーに書き下ろしを提供しているが、加藤智宏（office Perky pat）との共同プロデュース公演（新作の、作・演出）も始動している。2013年『恋愛的演劇論』（松本工房）を上梓。2020年に第73回中日文化賞を受賞。

万平《まんぺい》BOKS《ボックス》 2《ニ》

夫婦《めおと》パラダイス ～街《まち》の灯《ひ》はそこに～／縛師《ばくし》の娘《むすめ》

発行日　2024年10月1日　初版第一刷

著者　北村　想

発行所　万平BOKS

発売所　松本工房
住所　大阪市都島区網島町12-11 雅叙園ハイツ1010号室
電話　06-6356-7701
FAX　06-6356-7702

編集協力　小堀　純
装幀・組版　松本久木
印刷・製本　シナノ書籍印刷株式会社

ISBN 978-4-910067-23-0 C0074

本書収録作品の上演・上映・放送については、
万平BOKS（manpei_boks@ybb.ne.jp）まで、お問い合わせください。